Sonja Reiß-Held

Merhaba – nasılsın ?
Alltagstürkisch in der Praxis

Corrigenda

Reiß-Held, Merhaba–nasılsın?

Im vorliegenden Lehrermaterial verweisen die
Kassetten-Symbole, wie im Abkürzungsverzeichnis
auf Seite 8 angegeben, auf die zugehörige CD.

Dr. Ludwig Reichert Verlag Wiesbaden

Sonja Reiß-Held

Merhaba – nasılsın ?

Alltagstürkisch in der Praxis

Lehrermaterial

REICHERT VERLAG · WIESBADEN 2002

Die Deutsche Bibliothek – CIP-Einheitsaufnahme

Ein Titeldatensatz für diese Publikation ist bei
Der Deutschen Bibliothek erhältlich.

© 2002 Reichert Verlag Wiesbaden
ISBN: 3-89500-281-X
Gedruckt auf säurefreiem Papier
(alterungsbeständig – pH7 –, neutral)
Printed in Germany

Inhaltsverzeichnis

Vorbemerkung

„Merhaba, nasılsın?" ist ein nach modernen didaktischen Prinzipien gestaltetes Lehrwerk, das in besonderer Weise den kommunikativen Bedürfnissen von Pädagogen entgegenkommt. Diese machen häufig die Erfahrung, dass Kinder mit Deutsch als zweiter Sprache beim Eintritt in den Kindergarten oder in die Schule oft nur über geringe Deutschkenntnisse verfügen, selbst wenn sie in der Bundesrepublik geboren sind. Auch die Verständigung mit den Eltern der Kinder ist bisweilen nur in Ansätzen möglich. Fremdsprachenkenntnisse helfen hier in sprachlichen Konfliktsituationen und sind eine kulturelle Brücke zwischen Elternhaus und Erziehungseinrichtung. Die Wertschätzung ihrer Muttersprache stärkt die Identität und das Selbstbewusstsein der Kinder. Lehrer und Erzieher wiederum werden sprachliche Notsituationen der Kinder und deren Sprachlernschwierigkeiten besser begreifen, wenn sie die Unterschiede zwischen dem eigenen und dem fremden Sprachsystem kennen und selber die Erfahrung der „Sprachlosigkeit" gemacht haben.

Konzept

In 15 Kapiteln werden typische Situationen des Kindergarten- und Schulalltags aufgegriffen, in denen es zu sprachlichen Begegnungen zwischen Erziehern und Kindern bzw. deren Eltern kommt. Dazu gehören natürlich Routineformeln des Begrüßens und Verabschiedens, aber auch Gespräche über Essen und Trinken, über Kleidung, Freizeitgestaltung und vieles mehr. Die Themenbereiche wurden unter Mitwirkung deutscher und türkischer Erzieherinnen entwickelt und auf die Sprechgewohnheiten der Kinder abgestimmt. Der dabei entstandene Mindestwortschatz entspricht geläufigem Vokabular der gesprochenen türkischen Umgangssprache. Nicht nur aus diesem Grund ist das Lehrwerk auch für Interessierte außerhalb der Erziehungseinrichtungen geeignet, die sich mit den Grundlagen der türkischen Sprache vertraut machen wollen.
Jedes Kapitel beginnt mit einem Dialog, an den sich ein Grammatikteil, ein Übungsteil und das Vokabular anschließt. Zu jeder Lektion gehört außerdem eine Spielecke mit konkreten Arbeitsmaterialien für die Unterrichtsarbeit. Die methodischen Hinweise zu den Kapiteln in diesem Band enthalten Empfehlungen für die einzelnen Unterrichtsschritte, die selbstverständlich variiert werden können. In jedem Fall sollten jedoch die didaktischen Kommentare berücksichtigt werden.

Zeitlicher Rahmen

Je nach Sprachlernbegabung sind für das gesamte Lehrwerk mindestens 60 Unterrichtsstunden anzusetzen. Dieser Zeitplan lässt Raum für Wiederholungen und individualisierende Übungen. Die Erfahrung zeigt, dass Berufstätige oft nur wenig Zeit für die häusliche Vor- und Nachbereitung aufbringen können. Aus diesem Grund muss der Lehrer auf ausreichende Übungsphasen während der Kurszeit achten.

Induktive Grammatikarbeit

Das Lehrwerk erlaubt das Erlernen der türkischen Basis-Grammatik auf verschiedene Weise:

> indem grammatische Sachverhalte explizit erklärt und übersichtlich dargestellt werden, z. B.

>> *Mit Hilfe des Aorists kann der Ausdruck höflicher gestaltet werden. Dies entspricht in etwa der würde-Form im Deutschen, z. B.*
>> *Anlatmak ister misin?*
>> *Möchtest du erzählen?*
>> *(Wörtl.: Würdest du erzählen wollen?)*
>> *Kahve içer misin? – İçerim.*
>> *Trinkst du Kaffee? – Ja.*
>> *(Wörtl.: Würdest du Kaffee trinken? – Ich würde trinken.)*

> indem einige wenige Strukturen und Formen direkt in Texten oder Übungen gebraucht werden, ohne dass eine grammatische Erklärung erfolgt. Diese Makrolexeme werden als unanalysierte Ganzheiten in Lehrwerkstexten (meist spielerisch) vermittelt und bereiten die grammatische Analyse in nachfolgenden Kapiteln vor (z. B. wird der Ausdruck *sevmiyorum* bereits in Lektion 6 verwendet, aber erst in der 7. Lektion grammatisch erklärt).

> indem der Lernende sich diese Regularitäten selbst erarbeitet, z. B. durch das Vervollständigen von Verbparadigmen in Tabellen:

	gelmek	yapmak	gitmek	çalışmak
ben	gel-ebil-ir-im			
sen		yap-abil-ir-sin		
o			gid-ebil-ir	
biz				çalış-abil-ir-iz
siz	gel-ebil-ir-siniz			
onlar		yap-abil-ir-ler		

Die türkische Sprache bietet aufgrund ihrer grammatischen Regelmäßigkeit viele Möglichkeiten, den Lerner bei der Regelfindung selbst aktiv werden zu lassen. Die behaltensfördernde Wirkung der Eigenaktivität sollte der Lehrer nutzen, wo immer es möglich und sinnvoll ist. Dies gilt nicht nur für das Ausfüllen der Verbparadigmen in den Tabellen. Der Lernende sollte immer auch die Möglichkeit haben, Übersetzungstexte, grammatische Regeln oder Übungsaufgaben zuerst alleine oder mit dem Partner zu erarbeiten, bevor diese im Plenum besprochen werden. Dieses Vorgehen erlaubt dem Lernenden, eigene Hypothesen über das zu Lernende aufzustellen und sich die Sprache nicht reproduktiv-imitativ, sondern über Analogien aktiv und kreativ anzueignen. Daraus resultiert eine Individualisierung des Unterrichts, in dem jeder Lernende sein Lerntempo selbst bestimmen kann.

Wortschatzarbeit

Viele Lernende der türkischen Sprache machen die Erfahrung, dass sich der Wortschatz vor allem in der Anfangszeit nur schwer einprägt. Die Wortschatzarbeit sollte daher auch während des Unterrichts nicht zu kurz kommen, besonders wenn die multimediale CD in der häuslichen Arbeit nicht eingesetzt wird. Die Erschließung neuen Wortmaterials aus dem Kontext ist zwar an sich zu empfehlen, gerade aber in den Anfangslektionen meist aufgrund des zu knappen Kontextes nur schwer zu realisieren. Um den Grundwortschatz zu sichern, beinhaltet das Lehrwerk einen hohen Wiederholungsgrad des erlernten Wortschatzes in den nachfolgenden Lektionen, um diesen in immer neu variierenden Kontexten zu vertiefen und zu vernetzen.

Diesem Gedanken ist auch das Gesamtglossar des Lehrwerks verpflichtet. Der Lernende findet hier nicht nur die jeweils deutsche oder türkische Entsprechung des gesuchten Wortes, sondern dazu auch immer einen Beispielsatz. Durch mehrkanalige Anwendung des Gelernten (Lesen, Hören, Schreiben, Sprechen, gestisch zeigen) wird der Behaltenseffekt intensiviert. Besonderes Augenmerk ist dabei auf die freie Verwendung des Gelernten in wechselnden Situationen zu richten. Jede Lektion enthält daher immer auch eine Dialogsituation, die von den Lernern frei umgesetzt werden soll. Das vorherige schriftliche Notieren des Dialogablaufs läuft dem Gedanken der freien Anwendung zuwider. Der Lehrer sollte hier die Fehlerkorrektur – auch gegen den Willen der Kursteilnehmer – einschränken, um die Sprechfreude nicht einzuschränken, und statt dessen seine Aufmerksamkeit auf die Verständlichkeit des Gesagten richten. Darüber hinaus bietet das Lehrwerk auch in den Spielecken der einzelnen Lektionen Möglichkeiten, Wortschatz und Strukturen auf spielerische Weise zu üben und dabei einzelne konversationelle Routineformeln einzuüben. Je nach Gruppensituation steht es dem Lehrer natürlich frei, zu den einzelnen Themen zusätzlichen Wortschatz einzubringen. Außerdem sollten unterrichtliche Routineformeln in türkischer Sprache erfolgen. Der Lehrer kann hier zumindest am Anfang immer zweisprachig verfahren. Neben dem Basiswortschatz gibt es in vielen Kapiteln einen sogenannten Aufbauwortschatz mit Übungen. Dieser Wortschatz wird in den jeweils nachfolgenden Kapiteln nicht vorausgesetzt.

Aufgabe des Lehrers ist es auch, den Lernern geeignete Strategien für die häusliche Arbeit an die Hand zu geben. Als Faustregel sollte eine etwa halbstündige tägliche Arbeit angesetzt werden. Lieber öfter und kürzer als nur einmal längere Zeit üben! Bewährt hat sich für die Wortschatzarbeit auch die Arbeit mit Karteikarten. Der Lerner schreibt jedes gelernte Wort auf ein Kärtchen und die deutsche Entsprechung auf die Rückseite des Kärtchens. Jedes gewusste Wort wandert ein Fach nach hinten, die nicht gewussten Wörter verbleiben im vorderen Fach. Am nächsten Tag werden alle vorhandenen Wörter wiederholt, die gewussten Wörter wandern wieder ein Fach nach hinten usw. Auf diese Weise wird jedes Wort mehrmals und schwer memorierbarer Wortschatz besonders intensiv wiederholt.

Hörverstehen

Die Hörtexte befinden sich zusammen mit den Lehrwerkstexten sowohl auf der Audio-Kassette als auch auf der multimedialen CD. Auf diese Weise wird eine flexiblere Einsetzbarkeit erreicht. Die Arbeit mit diesen Texten dient der Förderung des Global- und Detailverstehens sowie der Aussprache.
Alle Texte wurden von türkischen Muttersprachlern aufgenommen. Dabei wurde darauf geachtet, verschiedene Altersgruppen zu Wort kommen zu lassen. Die Sprechgeschwindigkeit sowohl der Lehrwerks- als auch der Zusatztexte ist etwas reduziert, um den Lernenden das Einhören in die türkische Sprache zu erleichtern. Die Dialogtexte der multimedialen CD dagegen (s.u.) entsprechen dem normalen authentischen Sprechtempo.

Hinweise zur türkischen Sprache

> Türkisch gehört zu den agglutinierenden (anleimenden) Sprachen. Agglutination bedeutet, dass zum Ausdruck grammatischer Formen bestimmte Nachsilben an das betreffende Wort gehängt werden, wobei für diese Nachsilben eine bestimmte Reihenfolge einzuhalten ist, z. B.:

ev - ler - imiz - de (in unseren Häusern)

Haus   Plural   unsere   in

Im Gegensatz zum Deutschen wird dabei der Stamm nicht verändert:
ev   -   evler
das Haus   -   die Häuser

Türkisch zeichnet sich durch eine große Regelmäßigkeit aus. Ausnahmen sind selten.

➢ Auf der lautlichen Ebene gilt – bis auf einige Fremd- und Lehnwörter (z. B. kitap = das Buch) – das Prinzip der Vokalharmonie. Das heißt, dass dunkle Laute (a, ı, o, u) nur mit dunklen, helle Laute (e, i, ö, ü) nur mit hellen kombiniert werden dürfen:

Im Gegensatz zum Deutschen kennt das Türkische keine Konsonantenhäufungen. Türkische Deutschlerner fügen daher gerne sogenannte „Sprossvokale" in die deutschen Wörter ein und sprechen z. B.

<filim> statt <film>.

➢ Das Türkische kennt kein grammatisches Geschlecht und keinen Artikel (der, die, das).

➢ Während im Deutschen die Betonung meist auf der ersten oder zweiten Silbe des Wortes liegt (Garten, Maschine), wird im Türkischen der Druck gleichmäßig auf alle Silben verteilt. Bei mehrsilbigen Wörtern, d. h. auch solchen, die durch Suffixe mehrsilbig geworden sind, wird oft die letzte Silbe etwas stärker betont.

➢ Im Türkischen steht das Verb in der Regel am Ende:

Hülya geht nach Hause:

Hülya eve gidiyor.

Multimediale CD

Die interaktive CD beinhaltet zusätzliche individualisierende Übungen parallel zu den einzelnen Lehrwerkslektionen und ist für das individuelle häusliche Arbeiten vorgesehen. Die Navigation ist übersichtlich und auch für Computeranfänger leicht zu handhaben. Alle Übungen sind durch eine türkische Muttersprachlerin vertont und unterstützen damit das Erlernen der Aussprache. Die Übungsmöglichkeiten sind vielfältig (z. B. deutsch-türkische und türkisch-deutsche Wortschatzübungen, Grammatikübungen, Kreuzworträtsel, Zuordnungsübungen, Domino, Schreibübungen etc.), können beliebig oft wiederholt werden und sind keiner zeitlichen Vorgabe unterworfen. Die Verwendung des Lehrbuches ist nicht vom Einsatz der multimedialen CD abhängig.

Nach Start des Programms gelangt der Benutzer zur Startseite mit den Links zu den einzelnen Lektionen:

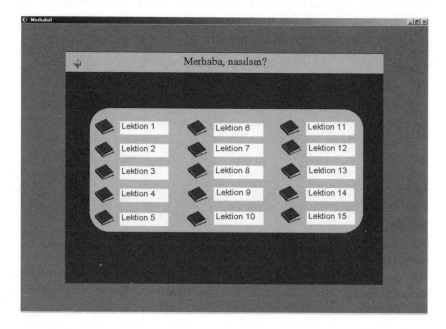

Ein Mausklick auf die gewünschte Lektion führt zum Verzeichnis des Übungsangebots:

Am Anfang jeder Lektion steht das Vokabeltraining. Der Lernende überlegt sich die türkische Entsprechung für das deutsche Wort und klickt dann zur Kontrolle auf das deutsche Wort. Es erscheint das türkische Wort mit Vertonung:

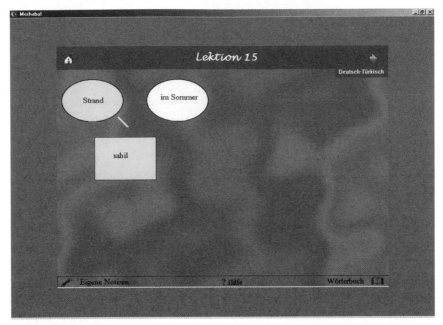

Von jeder Seite des Übungsprogramms kann der Benutzer eine Seite für eigene Notizen sowie ein Wörterbuch aufrufen:

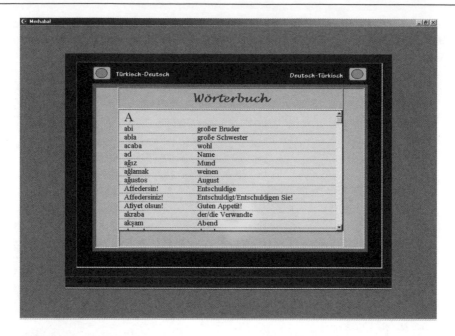

Abkürzungsverzeichnis

L   Lehrer
KT   Kursteilnehmer
TA   Tafelanschrift
AB   Arbeitsblatt
OHP   Overheadprojektor
HA   Hausaufgabe
WK   Wortkarten
    Einsatz der CD

Unterrichtspraktische Formeln

Sıra sende.	Du bist dran.
Sıra bende.	Ich bin dran.
Sıra bende mi?	Bin ich dran?
Ev ödevlerimi unuttum.	Ich habe meine Hausaufgaben vergessen.
Bir daha söyleyebilir misin?	Kannst du das noch einmal sagen?
Türkçe söyleyebilir misin?	Kannst du das auf Türkisch sagen?
Bu kağıt kimin?	Wem gehört dieses Blatt?
Sen başlar mısın?	Würdest du bitte anfangen?
Sen devam eder misin?	Würdest du bitte weitermachen?
Sen yardım eder misin?	Würdest du bitte helfen?
Eksikleri doldurunuz!	Füllen Sie die Lücken aus!
Sen okur musun?	Würdest du bitte lesen?

Pencereyi açar/kapatır mısın?	Würdest du bitte das Fenster öffnen/schließen?
Tahtaya yazar mısın?	Würdest du bitte an die Tafel schreiben?
Kısa bir metin yazar mısınız?	Würdet ihr/Würden Sie bitte einen kurzen Text schreiben?
Evde tamamlar mısınız?	Würdet ihr/Würden Sie das zu Hause bitte fertig machen?
Bunu tercüme eder misiniz?	Würdet ihr/Würden Sie das bitte übersetzen?
Topu başka birisine veriniz/verin!	Geben Sie/Gebt den Ball einem anderen!

Lektion 1: İyi günler. Ben Mehmet.

🍃 Didaktischer Kommentar:

Begrüßungen und Verabschiedungen nach türkischer Art fallen je nach Bekanntheitsgrad unterschiedlich aus. In formellen Situationen ist es üblich, sich per Handschlag zu begrüßen. Kennt man sich näher, erfolgt die Begrüßung unter den Frauen bzw. unter den Männern auch durch gegenseitiges Umarmen. Dazu küsst man sich zweimal auf die Wange. Jüngere zeigen ihre Ehrerbietung älteren Personen, indem sie deren Handrücken küssen und die Hand an ihre Stirn führen. Die Anrede mit *Sie* trifft man in der Türkei weitaus seltener an als das *Du*. In Deutschland sollte man aber dennoch warten, bis einem das *Du* angeboten wird. Die Grußformeln *İyi günler* und *Merhaba* sind von morgens bis abends möglich, *Günaydın* wird morgens, *İyi akşamlar* abends und *İyi geceler* beim Zubettgehen oder als Abschiedsgruß zu fortgeschrittener Stunde verwendet.

Ziel des didaktischen Vorgehens ist es, den Lerner gleich von Beginn an die türkische Sprache hörend und sprechend-handelnd erfahren zu lassen. Dies ist in kleinen Unterrichtsschritten möglich, welche die sprachliche Progression für den Lernenden übersichtlich gestalten. Begonnen wird mit einfachen Strukturen, die im weiteren Verlauf wiederholt und expandiert werden. Dabei übernimmt der Lehrer hinschtlich der Aussprache eine Vorbildfunktion. Da erwachsene Lerner aufgrund ihrer Lernerfahrungen häufig visuell geprägt sind, wird nach dem Hören und Sprechen immer auch das Schriftbild eingesetzt. Um ein „Kleben" am geschriebenen Text zu vermeiden, bietet es sich an, Wortkarten zu verwenden, die dem jeweiligen Sprecher übergeben werden. Dadurch wird das Schriftbild zwar präsent gemacht, steht aber nicht im Vordergrund. Eine besondere Rolle spielt die Bewegung im Raum. Es handelt sich hier nicht nur um eine methodische Abwechslung, sondern erlaubt eine realitätsnähere Anwendung der Dialogstrukturen. Die KT fühlen sich in dieser unbeobachteten Situation freier in der Sprachanwendung und können die zu übenden Strukturen viele Male wiederholen. Die anfängliche Dominanz des Lehrers bei der Einführung der Strukturen tritt hier deutlich zurück. Beim Lesen der Texte ist darauf zu achten, dass die Kursteilnehmer sich erst still in den Text einlesen, bevor er laut vorgelesen wird. Ein voreiliges lautes Lesen noch unbekannter Texte wirkt sich negativ auf die Leseflüssigkeit und die Aussprache aus.

Die KT sollten nach der ersten Unterrichtseinheit in der Lage sein, einfache Begrüßungsformeln zu verwenden und sich einem anderen vorzustellen. Dieses Könnenserlebnis fördert die Lernmotivation und ist daher einer eher rationalen Erstbegegnung mit der türkischen Sprache (etwa über das Alphabet) vorzuziehen. Die musikalische Einbettung der gesprochenen Texte am Ende der Stunde wirkt entspannend und intensiviert den emotionalen Zugang zur Sprache.

▪ Die Unterrichtsschritte im Einzelnen:

Schritt 1: Der L geht im Raum herum, begrüßt jeden KT mit Handschlag, und spricht dazu: Merhaba, Erwin. Merhaba, Gisela. Die KT antworten ebenfalls mit „Merhaba".

Schritt 2: Der L nimmt eine Handpuppe (auch bei erwachsenen Lernern möglich) und spricht mit ihr: „Benim adım Sonja. Senin adın ne?" Er lässt die Puppe antworten: „Benim adım Uğur." Diesen kurzen Dialog spielt er mehrmals vor.

Schritt 3: Der L stellt sich nun jedem KT vor und fragt nach deren Namen. Die KT antworten, stellen aber selbst keine Fragen, so dass die Stimme des L in dieser Phase weiterhin dominiert.

Schritt 4: Der L gibt einem der KT ein Kärtchen mit der Aufschrift:

> Benim adım ...
> Senin adın ne?

Der KT vervollständigt den Satz und stellt die Frage dem nächsten KT, indem er das Kärtchen weitergibt. Auf diese Weise steht nicht der geschriebene, sondern der gesprochene Text weiterhin im Zentrum der Aufmerksamkeit.

Schritt 5: Die KT und der Lehrer wandern im Raum hin und her und stellen sich gegenseitig vor. Es ist wichtig, diese Phase (sowie alle weiteren dieser Art) nicht vorzeitig abzubrechen. Bei etwa 10 Kursteilnehmern kann durchaus jeder jeden begrüßen. Der Behaltenseffekt ist durch das wiederholende Sprachhandeln besonders groß.

Schritt 6: Der L erweitert mit Hilfe der Puppe den Dialog:
    A: Merhaba.
    B: Merhaba.
    A: Benim adım Sonja. Senin adın ne?
    B: Benim adım Uğur.
    A: Memnun oldum, Uğur. Ich freue mich, Uğur.
    B: Ben de memnun oldum, Sonja. Ich freue mich auch, Sonja.

Auch dieser Dialog wird vom L mehrmals vorgespielt (nur beim ersten Mal mit deutscher Übersetzung).

Schritt 7: Der Dialog wird wieder mit allen KT durchgespielt, wobei der L Rolle A, die KT Rolle B übernehmen.

Schritt 8: Der L gibt einem der KT ein Kärtchen mit der Aufschrift:

> Memnun oldum, ...
> Ben de memnun oldum, ...

Die KT wiederholen den Dialog aus Schritt 6, wobei das Kärtchen jeweils an den nächsten KT weitergegeben wird.

Schritt 9: Die KT bewegen sich im Raum und üben die bisher gelernte Dialogroutine.

Schritt 10: TA:
Benim adım Erwin.   Senin adın ne?
Adım Erwin.   Adın ne?
Ben Erwin.

Der L erklärt, dass es sich in beiden Spalten um äquivalente Formen handelt.
Jeder KT wiederholt die Sätze mit seinem Namen.

Schritt 11: TA:
Günaydın!
İyi günler!
İyi akşamlar!
İyi geceler!

Der L spricht die Begriffe mehrmals mit Übersetzung vor. Die KT lesen dazu die landeskundlichen Hinweise.

Schritt 12: Die KT bewegen sich wieder im Raum und erproben sprechend das neu Gelernte.

Schritt 13: 📼
Die KT hören die Texte 1 bis 5, beim zweiten Hördurchgang lesen sie mit. Noch unbekanntes Vokabular wird mit Hilfe des Vokabelverzeichnisses in PA gelöst.

Schritt 14:
TA: Affeder - **sin**, (senin) ad - ın ne?
  Affeder - **siniz**, (sizin) ad - ınız ne?

Hoşça kal!
$\longrightarrow$ Güle, güle!
Hoşça kalın!

Schritt 15: Die KT lesen noch einmal still die Texte 1–5.

Schritt 16: Die KT lesen die Texte laut mit verteilten Rollen.

Schritt 17: Die KT bewegen sich im Raum und verwenden beim Dialogisieren die *Sie*-Form.

Schritt 18: 🔲
Die KT hören Dialog 6 und übersetzen ihn mit Hilfe des Vokabulars in PA.
Nach der Besprechung TA:

Teşekkür ederim $\longrightarrow$ Bir şey değil.

Schritt 19: Besprechung der Besonderheiten der türkischen Sprache, der bisher vorgekommenen Personalpronomen sowie des türkischen Alphabets. Die vollständige Tabelle der Personalpronomen ist ein Zugeständnis an das Bedürfnis nach Vollständigkeit grammatischer Paradigmen von Seiten erwachsener Lerner.

Schritt 20: Für die Schreibweise türkischer Buchstaben suchen die KT Beispiele im Text (z. B. Hoşça, değil, Affedersiniz, geceler).

Schritt 21: Übungen 1–4.

Schritt 22: Der L spielt beruhigende türkische Musik vor, stellt sie nach einiger Zeit etwas leiser und spricht die Lektionstexte langsam und mit Pausen zwischen den einzelnen Sätzen. Die KT haben die Augen geschlossen und sitzen entspannt.

Lektion 2: Nasılsın? – Teşekkür ederim. İyiyim.

🕱 **Didaktischer Kommentar:**
Ergehensfragen gehören ebenso wie Begrüßungs- und Verabschiedungsformeln zur sprachlichen Grundausstattung eines jeden Sprachlerners. Im interkulturellen Erziehungsalltag in Kindergarten und Schule bietet es sich an, bei Begrüßungen oder Ergehensfragen die Muttersprachen der Kinder heranzuziehen.

Auch in dieser Einheit steht wieder das handelnd-sprechende Erproben der türkischen Sprache im Vordergrund. Wichtig ist die Aufwärmphase, die auch in den kommenden Einheiten zu Beginn nicht fehlen sollte. In dieser Phase wird bereits vorhandenes, aber noch nicht gefestigtes sprachliches Wissen automatisiert. Ziel muss sein, die sprachlichen Routineformeln des Sich-Vorstellens sowie der Ergehensfragen flüssig, d. h. ohne kognitiven Filter anwenden zu können. Nach der Aufwärmphase folgen – zunächst getrennt von den Inhalten der ersten Lektion – neue Inhalte, welche nach den in Lektion 1 beschriebenen didaktischen Prinzipien vermittelt werden. Diese Inhalte werden aber schon bald mit den Inhalten der ersten Lektion verknüpft (Schritt 7). Die Lerner können dabei selbst entscheiden, wie sie ihren Dialog gestalten (z. B. Du- oder Sie-Form). Dabei möglicherweise auftretende Fehler werden zugunsten der freien Sprachanwendung in Kauf genommen. Zudem ist darauf zu vertrauen, dass sich die KT bei dieser Art des unbeobachteten freien Sprechens gegenseitig korrigieren. Da der L außerdem selbst immer an diesen „Raumgesprächen" teilnimmt, können auftretende Unsicherheiten in individuellen Einzelgesprächen geklärt werden.

Bei der Erschließung der Lektionstexte sollte den KT frei gestellt werden, ob sie die Aufgabe alleine oder zu zweit lösen wollen. Auf diese Weise hat jeder die Möglichkeit, die Inhalte gemäß seinem Lerntempo aufzunehmen und zu verarbeiten. Auch grammatische Inhalte sollten den KT nicht einfach vorgegeben oder deduktiv erklärt werden. Regeln für die Possessivbildung oder für die Personenendung der Adjektive werden von den KT vielmehr über analoges (z. B. anne – m, weil ad – ım) Denken erschlossen. Der L sollte sich bei der Einführung entsprechender Terminologie (z. B. Possessivum) versichern, ob diese Begriffe auch allen KT bekannt sind.

▗ Die Unterrichtsschritte im Einzelnen:

Schritt 1: Aufwärmphase: Memoryspiel von Lektion 1. Danach gehen die KT im Raum umher, begrüßen sich und stellen sich einander vor.

Schritt 2: Der L spricht mit der Handpuppe folgenden Dialog dreimal vor (nur beim zweiten Mal mit der deutschen Übersetzung):

A: Merhaba, nasılsın? (Guten Tag, wie geht es dir?)
B: Teşekkür ederim, iyiyim. Ya sen nasılsın? (Danke, gut. Und wie geht es dir?)
A: Teşekkür ederim, ben de iyiyim. (Danke, mir geht es auch gut).

Schritt 3: Ein KT erhält einen Zettel mit der Aufschrift:

> Teşekkür ederim, iyiyim.

Der L fragt nun jeden KT nach seinem Ergehen. Der KT antwortet mit Hilfe des Kärtchens oder auswendig. Er gibt das Kärtchen an einen anderen KT weiter, der seinerseits auf die Frage des L antwortet etc.

Schritt 4: Ein KT erhält nun einen weiteren Zettel mit der Aufschrift:

> Teşekkür ederim, iyiyim.
> Ya sen nasılsın?

Der L spielt nun mit jedem KT den Dialog aus Schritt 2 oben. Dabei können die KT selbst entscheiden, ob sie die schriftliche Hilfe in Anspruch nehmen.

Schritt 5: Der L schreibt den kompletten Dialog (Schritt 2) an die Tafel, liest ihn noch einmal vor und lässt ihn von den KT mehrmals lesen. Dann spielen die KT diesen Dialog reihum durch. Der L achtet dabei auf die Aussprache.

Schritt 6: Die KT wandern im Raum umher und fragen sich gegenseitig nach dem Ergehen.

Schritt 7: Ebenso wie Schritt 6, doch wird nun der Ergehensfrage die Vorstellungsroutine vorangestellt. Die KT erhalten dazu keinen vorgefertigten Dialog.

Schritt 8: TA:

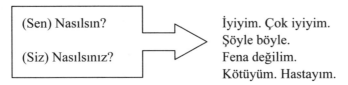

(Sen) Nasılsın?
(Siz) Nasılsınız?

İyiyim. Çok iyiyim.
Şöyle böyle.
Fena değilim.
Kötüyüm. Hastayım.

Nach Klärung dieser Ausdrücke fragt der L einen KT nach seinem Ergehen. Dieser antwortet und setzt das Frage – Antwort – Spiel fort. Dabei finden die Begriffe der TA Verwendung.

Schritt 9: Die KT wandern wieder im Raum umher und üben den Dialog, diesmal mit den Varianten der TA.

Schritt 10: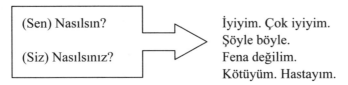
Die KT hören Text 1 und 2, zunächst ohne, dann mit schriftlicher Vorlage. Die beiden Dialoge werden in PA übersetzt, fehlendes Vokabular mit Hilfe des Wörterverzeichnisses geklärt.

Schritt 11:
TA: Die Begriffe *anne* und *baba* werden in ihrer Grundform und mit den Possessivendungen der ersten und zweiten Person Singular an die Tafel geschrieben. Die KT überlegen, welche Wörter nun für die *mein-* und für die *dein-* Form stehen. Ein Hinweis auf die bereits bekannten Ausdrücke *adım* und *adın* hilft hier weiter. Im Anschluss bilden die KT die Possessivformen (1. und 2. Person Singular) für weitere Begriffe:

anne	anne	-	m		anne	-	n
baba	baba	-	m		baba	-	n
ad	ad	-	ım		ad	-	ın
abla	abla	-	m		abla	-	n
abi	abi	-	m		abi	-	n
kardeş	kardeş	-	im		kardeş	-	in
eş	eş	-	im		eş	-	in

mein   dein

Schritt 12: Die KT befragen sich gegenseitig nach dem Ergehen ihrer Mutter/ihres Vaters etc. Dazu ist eine neue Konversationsroutine notwendig:

Annen var mı?	Baban var mı?
Var.	Yok.
Annen nasıl?	
Annem iyi.	

Schritt 13: 🖭
Die KT hören Text 3 mindestens dreimal und versuchen ihn zunächst ohne schriftliche Vorlage zu verstehen. Nach einer ersten Klärung wird diese dann herangezogen.

TA:
(Ben)   iyi - y - im.
Annem iyi.

(Ben)   hasta - y-ım.
Babam hasta.

(Ben)   yorgun - um.
Kardeşim yorgun.

(Ben)   kötü - y - üm.
Ablam kötü.

Nur das erste Satzpaar wird dabei vorgegeben. Bei den anderen Beispielen ergänzen die KT das jeweils unterstrichene Wort.

Schritt 14: Anhand der Adjektive wird die sogenannte *große Vokalharmonie* erklärt. Dazu gibt der L die Regeln vor und lässt, nach Vorgabe eines Beispiels, die KT nach weiteren Beispielen aus dem Text suchen.

TA:

iyi - y - im

nach e und i folgt   i: iyiy - im, değil - im, eş - iniz

nach a und ı folgt   ı: hastay - ım, nasıl - sın

nach o und u folgt   u: yorgun - um

nach ö und ü folgt   ü: kötüy - üm

Schritt 15: Die KT ergänzen die Tabelle im Grammatikteil.

Schritt 16: Übungen 1–4.

Schritt 17: Sollte den KT das Lernen mit Musik (s. Lektion 1) gefallen haben, kann man dies in dieser und den folgenden Lektionen wiederholen.

Schritt 18: Spielecke in Kleingruppen.

Lektion 3: Odaları görelim!

☙ Didaktischer Kommentar:

Der Eintritt in den Kindergarten oder in die Schule ist immer mit neuen Orientierungsaufgaben für das Kind verbunden. Dazu gehört auch die räumliche Inbesitznahme der ungewohnten Umgebung. Der Lehrwerkstext simuliert eine Situation, in der das Kind mit den Räumen des Kindergartens bekannt gemacht wird.

Nach der Aufwärmphase führt der L über den Wortschatz in das neue Thema ein und bereitet so auf den Lektionstext vor. Der Bedeutung des Wortschatzes, der den KT in WK präsentiert wird, wird ausschließlich über entsprechende Gesten oder über Anschauungsmaterial vermittelt. Der L spricht in dieser Phase ausschließlich Türkisch, wobei er sich auf einfache, immer wiederkehrende Strukturen beschränkt. Mit diesen Strukturen werden Teile des späteren Lektionstextes vorweg genommen, der von den KT nach der Vorarbeit relativ einfach in PA erschlossen werden kann. Auch das sich anschließende Spiel der KT im Raum wird durch die Vorgabe der WK und der begleitenden Struktur vereinfacht. Damit wird dem didaktischen Grundsatz Rechnung getragen, bei der Einführung neuer Inhalte nicht gleichzeitig mehrere Schwierigkeitsdimensionen (z. B. neuer Wortschatz und neue Strukturen) einzufordern. Etwas schwieriger gestaltet sich das Spiel bei Austausch der türkischen WK durch deutsche WK, da hier von den KT kleine Übersetzungen geleistet werden müssen. Der Grammatikteil beginnt entgegen der oben angeführten didaktischen Grundsätze zunächst mit einem deduktiven Schritt, in dem der L die Präsensbildung der Verben an einem Beispiel erklärt. Grundsätzlich könnte man an dieser Stelle gleich mit dem Ausfüllen der Tabelle durch die KT beginnen und daraus die Regel ableiten – dies entspräche einem durchwegs induktiven Verfahren – doch zeigt die Erfahrung, dass die Darstellung von Verbparadigmen mit der konventionellen Zuweisung der Personen (ich, du, er/sie/es, ...) nicht bei allen KT als bekannt vorausgesetzt werden kann. Einführende Hinweise sind daher an dieser Stelle sicher zweckmäßig. Die Erarbeitung der Funktionsweise der Vokalharmonie dagegen erfolgt wieder unter Mitwirken der KT nach Ausfüllen der Tabelle. Dasselbe gilt für die Erarbeitung der Wunschform und der Ortsangaben.

▪ Die Unterrichtsschritte im Einzelnen:

Schritt 1: Die KT bewegen sich im Raum, begrüßen sich und fragen sich gegenseitig nach ihrem Ergehen. Auch der Einsatz des Spieleteils von Lektion 2 ist an dieser Stelle sinnvoll.

Schritt 2: Der L verteilt WK an verschiedenen Stellen des Klassenzimmers:

tuvalet		masal odası		yatak odası

	spor salonu		mutfak	

		bahçe		bakkal

Während er die WK verteilt, spricht er dazu:

Burası masal odası. Burada masallar okuyorum.
Der L nimmt dazu ein Märchenbuch zur Hand und mimt das Lesen.

Burası yatak odası. Burada uyuyorum.
Der L zeigt gestisch das Schlafen an.

Burası spor salonu. Burada spor yapıyorum.
Der L macht dazu Turnübungen.

Burası tuvalet. Burada ellerimi yıkıyorum.
Der L zeigt gestisch das Händewaschen an.

Burası mutfak. Burada pişiriyorum.
Der L zeigt gestisch das Kochen an.

Burası bahçe. Burada top oynuyoruz.
Der L imitiert das Ballspielen.

Burası bakkal. Buradan ekmek alıyorum.
Der L nimmt ein Stück Brot und zeigt gestisch das Bezahlen an.

Schritt 3: Die KT übersetzen die Begriffe der WK in deutsche Sprache. Gegebenenfalls hilft der L, indem er Teile von Schritt 2 wiederholt.

Schritt 4: Der L zeigt einen Teller, ein Glas, einen Löffel und eine Gabel und spricht jeweils dazu:

Bu bir tabak. Bu bir bardak. Bu bir kaşık. Bu bir çatal.

Schritt 5: Der L zeigt zu den Gegenständen entsprechende WK und lässt sie von den KT zuordnen.

tabak	bardak	kaşık	çatal

Schritt 6: 📼
Die KT hören den Lektionstext zweimal ohne Textvorlage. Sie teilen mit, was sie verstanden haben.

Schritt 7: 📼
Die KT hören den Lektionstext noch einmal, diesmal mit Textvorlage.

Schritt 8: Die KT übersetzen den Lektionstext mit Hilfe des Vokabulars in Gruppen.

Schritt 9: Die KT lesen den Text erst still, dann mit verteilten Rollen.

Schritt 10: Die KT erhalten den Auftrag, die Handlung mit Hilfe der im Raum verteilten türkischen WK zu spielen. Sie erhalten eine kurze Vorbereitungszeit.
Im Anschluss tauscht der L die türkischen WK gegen deutsche WK aus. Das Spiel wird mit den neuen WK wiederholt.

Schritt 11: Der L erklärt die Verbbildung bei der Aufforderung und im Präsens am Beispiel des Verbs *göstermek*. Weitere Beispiele finden die KT im Lehrbuch.

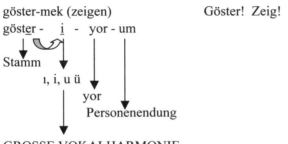

göster-mek (zeigen)   Göster! Zeig!
göster - i - yor - um

Stamm
        ı, i, u ü
              yor
              Personenendung

GROSSE VOKALHARMONIE

Schritt 12: Die KT füllen die Tabelle zur Verbkonjugation selbständig aus. Der L sollte sich zuvor vergewissern, dass die Reihenfolge des Personenparadigmas (ich, du, er/sie/es...) allen KT bekannt ist. Im Anschluss werden die Verbformen laut vorgelesen und mit der Lösung am OHP verglichen.

Schritt 13: Anhand der Tabellenbeispiele werden noch einmal die Regeln der „großen Vokalharmonie" erklärt:

TA:

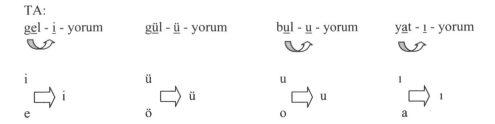

Schritt 14: Der L schreibt die im Text vorkommende Wunschform *gör-elim* sowie die entsprechende Grundform an die Tafel. Die KT überlegen, wie die Formen bei den Verben *göstermek* und *içmek* analog lauten könnten. Die (vermutlich) falsche Hypothese zum Verb *oynamak* wird vom L mit Hinweis auf die Vokalharmonie richtig gestellt:

gör - mek   göster - mek   içmek   oyna - mak

gör - elim   göster - elim   iç - elim   oyna - y - alım

Schritt 15: Der L nimmt einen Gegenstand, z. B. eine Gabel, und legt sie erst zur WK „Küche", danach zur WK „Garten". Dazu spricht er:

Çatal nerede? – Çatal mutfakta.
Çatal nerede? – Çatal bahçede.

Danach nimmt er andere Gegenstände, z. B. einen Ball, einen Löffel, einen Teller, eine Tasche und legt sie abwechselnd zu den WK „Küche" oder „Garten". Die KT bilden dazu Sätze, die an der Tafel notiert werden, z. B.:

Top bahçede.
Kaşık mutfakta...

Danach wird die Regel zur Ortsangabe von den KT verbalisiert und an der Tafel festgehalten:

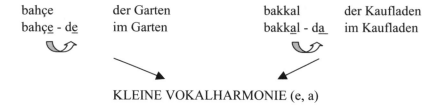

bahçe	der Garten	bakkal	der Kaufladen
bahçe - de	im Garten	bakkal - da	im Kaufladen

KLEINE VOKALHARMONIE (e, a)

Die KT lesen die Regeln für die „kleine Vokalharmonie" im Lehrbuch und überprüfen diese noch einmal anhand der an der Tafel notierten Satzbeispiele.

Schritt 16: Der L tauscht die türkischen WK im Raum durch deutsche Bezeichnungen aus. TA:

Bahçe nerede? (Garten wo?)

Die KT antworten auf diese und weitere Fragen mit:
Bak, burası bahçe/ bakkal/ yatak odası ...
Der L wirft nach der ersten Frage einen Ball einem KT zu, der die Frage beantwortet und die nächste Frage stellt etc.

Schritt 17: Die KT bearbeiten den Aufgabenteil 1–6. Abschließend wird der Dialog des Aufgabenteils im Rollenspiel dargestellt. Das Dominospiel eignet sich für die häusliche Arbeit oder die Aufwärmphase der nächsten Stunde.

Lektion 4: Nagihan nerede?

✑ Didaktischer Kommentar:

Diese Lektion baut den Inhalt von Lektion 3 weiter aus. Dabei werden einige kindergartenspezifische Ausdrücke sowie die Fähigkeit zur Verbalisierung einfacher Ortsangaben vermittelt.
Bei der Aufwärmphase bietet es sich an, das türkisch-deutsche Dominospiel von Lektion 3 einzusetzen und die Spielkarten mit den Begriffen *evcilik köşesi*, *lego köşesi*, *müzik odası, yatak odası* und *spor salonu* zu erweitern. Diese Begriffe sind zum Teil in Anlehnung an die deutsche Sprache zu erschließen. Die Bildung der Ortsangabe bei diesen Begriffen unterscheidet sich etwas von der in Lektion 3 gelernten Regel, lässt aber auch Analogien zu. Wie dieser Unterschied begründet ist, sollte an dieser Stelle nicht analysiert werden. Es genügt der richtige Gebrauch der Formen. Ebenso wie die Possessiva wie *anne-m* bereiten sie die spätere bewusste Verwendung von Possessivsuffixen vor. Bei der Textarbeit steht zunächst das Globalverstehen im Vordergrund. Auch bei der Detailverstehensübung müssen die KT nicht jedes Wort verstehen. Der Text wird vielmehr in PA und in der Gruppe rekonstruiert. Vor der Einführung weiterer grammati-

scher Inhalte folgt zunächst die Festigung des Gelernten mit Hilfe der Übungsaufgaben. Das Kartenspiel simuliert dabei eine kommunikative Anwendung. Im anschließenden Grammatikteil kann die Regel der Präsensbildung von Verben, die auf einen Vokal enden, selbst formuliert werden. Die Ausnahmeregelung der Verben auf *a* oder *e* dagegen ist aufgrund des zu geringen Wortmaterials kaum induktiv zu erschließen und sollte daher vom L erklärt werden.

■ **Die Unterrichtsschritte im Einzelnen:**

Schritt 1: Der L verteilt die WK der letzten Einheit im Raum. Hinzu kommen folgende WK:

evcilik köşesi	lego köşesi	müzik odası	spor salonu

yatak odası

Die KT verteilen sich auf die Plätze mit den WK. Die Bedeutung der Begriffe kann zum Teil von den KT selbst erschlossen werden.

Schritt 2: Der L fragt: „Kerstin nerede" und wirft einem KT den Ball zu. Dieser antwortet: „Kerstin bahçede", stellt eine weitere Frage und gibt den Ball weiter. Die Ausnahmen werden an der Tafel notiert:

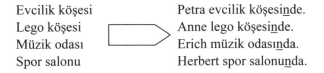

Evcilik köşesi	Petra evcilik köşesinde.
Lego köşesi	Anne lego köşesinde.
Müzik odası	Erich müzik odasında.
Spor salonu	Herbert spor salonunda.

Die Regel soll an dieser Stelle noch nicht erklärt werden. Es genügt der Hinweis auf Lektion 8.

Schritt 3: 📼
Die KT hören zweimal den Lektionstext ohne Textvorlage. Sie teilen mit, was sie verstanden haben. Danach bearbeiten sie das Arbeitsblatt Lektion 4 (vgl. S. 22). Der L spielt dazu den Lektionstext mehrmals vor und stoppt das Tonband in regelmäßigen Abständen.

Schritt 4: Die KT vergleichen den Lückentext untereinander und schließlich mit der Textvorlage im Buch. Sie übersetzen den Text in PA.

Schritt 5: Die KT lesen den Text zuerst still, dann mehrmals mit verteilten Rollen, zuerst im PA, dann in der Gesamtgruppe.

Arbeitsblatt Lektion 4

1. Vervollständigen Sie den Lückentext.

A: .... ne yapıyorlar?

B: Bütün çocuklar oynuyorlar.

   Mehmet .... oynuyor.

   .... oynuyor.

A: Nagihan ....?

B: O da ....

   Hülya ....

   Selma ....

   Diğer çocuklar ....

A: .... Leventoğlu nerede?

B: .... spor salonunda.

2. Vergleichen Sie nun Ihre Lösung mit der Ihres Nachbars/Ihrer Nachbarin.

Schritt 6: Die KT bearbeiten die Aufgabe 1 des Lehrbuches alleine oder in PA. Gemeinsame Kontrolle.

Schritt 7: Die KT spielen in Kleingruppen das Kartenspiel der Spielecke. Die verneinte Präsensform *bilmiyorum* soll an dieser Stelle nicht weiter analysiert werden.

Schritt 8:
L : „Hülya yatak odasında. Yatak odasında ne yapıyor?"

Er zeigt dazu eine WK, die er gestisch unterstreicht:

> uyumak

Die KT versuchen die richtige Lösung zu finden, die an der Tafel notiert wird:

Hülya yatak odasında <u>uyuyor</u>.

Die KT formulieren den Unterschied zur bisher gelernten Präsensregel. Das Flexionsparadigma wird an der Tafel notiert:

uyu - yor - um
uyu - yor - sun...

Schritt 9: Der L erklärt die Ausnahmeregel für Verben mit auslautendem Vokal auf *a* oder *e*. Auch diese Regel wird an der Tafel festgehalten:

oyna - mak ➞ oyna - mak ➞ <u>oyn</u> - <u>u</u> - yor - um

iste - mek ➞ iste - mek ➞ <u>ist</u> - <u>i</u> - yor - um

ağla - mak ➞ ağla - mak ➞ <u>ağl</u> - <u>ı</u> - yor - um

Schritt 10: Die Regel zur Erweichung von „t" zwischen zwei Vokalen wird im Buch nachgelesen.

Schritt 11: Die KT bearbeiten die Übungen 2–7. Die Sprechübung kann auch am Beginn der nächsten Unterrichtseinheit stehen.

Lektion 5: Ayşe nasıldı?

⇄ Didaktischer Kommentar:

Gespräche über das Verhalten der Kinder gehören zur Alltagsroutine eines Erziehers. Dieses Thema wird in Lektion 13 für den Schulbereich weiter ausgebaut. Am Ende der vorliegenden Einheit sollte der Erzieher den Eltern einfache Informationen über das Verhalten ihres Kindes an diesem oder den vorhergehenden Tagen geben können. Grammatisch gesehen wird dabei die Vergangenheitsform relevant.

Nach der Aufwärmphase (etwa über das Kartenspiel von Lektion 4) erfolgt der Einstieg in das neue Thema sofort über den Hörtext. Dieses Vorgehen bringt nicht nur eine methodische Abwechslung, sondern bietet sich aufgrund des geringen neuen Vokabulars an. Das Verstehen des bekannten Wortschatzes wird jedoch durch die neuen Formenbildungen (Perfekt) erschwert. Der weitere Unterrichtsschritt konzentriert sich daher auf das induktive Erschließen der Perfektbildung. Mit dieser Grundlage kann der Text dann auch übersetzt werden. Mit den Aufgaben 4 und 7 haben die KT die Gelegenheit, das Gelernte auch kommunikativ anzuwenden. Die Struktur der Phrase *iyi misin* soll dabei noch nicht analysiert werden, bereitet aber auf die Fragesatzbildung in Kapitel 6 vor. Das Kartenspiel greift die bisher gelernten Zeitformen auf und eignet sich auch für die häusliche Arbeit.

▪ Die Unterrichtsschritte im Einzelnen:

Schritt 1: 🖭
Die KT hören den Lektionstext mehrmals und notieren, was sie alles verstanden haben. Dies wird an der Tafel festgehalten, z. B.:

nasıl
oynamak
yapmak
uyumak
iyi
baba

Der L weist die KT darauf hin, dass die Verben in der Vergangenheit formuliert wurden.

Schritt 2: Die KT füllen die Tabellen für die Verbformen in der Vergangenheit aus (positive und verneinte Form) und vergleichen ihre Lösungen untereinander und mit der Anschrift am OHP.

Schritt 3: Die Regularität der Vokalharmonie wird an dieser Stelle wiederholt und an der Tafel festgehalten. Die Begriffe *große Vokalharmonie* bzw. *kleine Vokalharmonie* sollten dabei von den KT genannt werden:

Große Vokalharmonie:

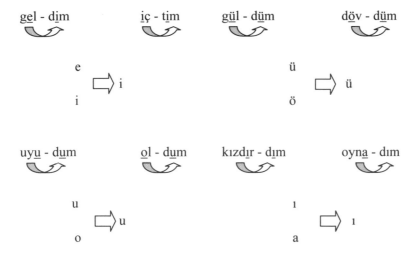

Für die verneinte Form könnte folgende TA als Visualisierungshilfe dienen:

Kleine Vokalharmonie:

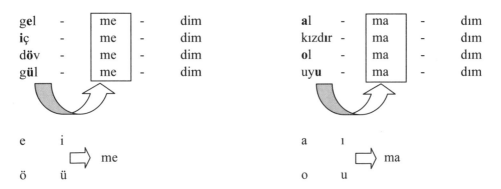

Schritt 4: Am Beispiel von *içtim* wird die Regel der Konsonantenverhärtung erklärt und mit weiteren Beispielen belegt (gittim, ettim, yattım).

Schritt 5: 📼
Die KT hören nochmals den Lektionstext und lesen mit.
Im Anschluss wird der Text in PA übersetzt und im Plenum geklärt.

Schritt 6: Die KT lesen den Text erst still, dann laut mit verteilten Rollen, erst mit dem Partner, dann im Plenum.

Schritt 7: Jeder KT erzählt vom Verhalten eines Kindes der Schulklasse oder des Kindergartens am Vormittag, z. B.

Mehmet bahçede oynadı, iyi dikkat etti...

Schritt 8: Die KT bearbeiten die Übungen 1–3, 5 und 6.

Schritt 9: Dialog Aufgabe 4.

Schritt 10: Die KT üben die Perfektform mit Hilfe der Kärtchen der Spielecke.

Schritt 11: Die KT spielen den Dialog (Aufgabe 7).

Schritt 12: 🖭
Höraufgabe nach Vorgabe.

Lektion 6: Afiyet olsun!

🐚 Didaktischer Kommentar:

Viele Eltern sind nicht ausreichend um eine ausgewogene Ernährung ihrer Kinder be-
müht. Erziehung zu gesunder Ernährung wird daher immer mehr auch zu einer Aufgabe
von Erziehungseinrichtungen. Dieses Kapitel soll Erzieher und Lehrer dazu befähigen,
einfache Gespräche zum Thema *gesunde Ernährung* mit den Kindern und ihren Eltern
zu führen.

Die Hinführung zum Lektionstext verläuft über eine intensive Wortschatzarbeit mit Hilfe von Gegenständen und Wortkarten. In dieser Phase wird weitgehend nur die türkische Sprache verwendet, die Bedeutung der Begriffe wird aus dem Kontext verständ-
lich. Die im Lektionstext häufige Struktur *bende ...var* wird ebenfalls über das Sprechen
vorbereitet. Der inhaltliche Kern des Hörtextes kann damit von den KT erfasst werden.
Nach der Textklärung folgt eine Erweiterung des Wortschatzes, der diesmal mit Hilfe
des sprachlichen Kontextwissens ohne Verwendung des Vokabelteils erschlossen werden kann. Dieser Wortschatz wird geübt und kommunikativ verankert. Dabei bietet es
sich an, auf die Ess- und Frühstücksgewohnheiten der KT einzugehen. Die in der Übung
bereits vorbereitete Fragesatzstruktur wird nun analysiert, das Paradigma nach einer
einleitenden Erklärung des L von den KT vervollständigt. Da diese Struktur den Lernenden erfahrungsgemäß mehr Schwierigkeiten bereitet als die Fragesatzbildung im
Perfekt, sollte sie zunächst intensiv geübt werden, bevor der nächste grammatische Inhalt besprochen wird. Nach Möglichkeit sollten Aufforderungsformen und Fragesatzbildung im Perfekt in einer weiteren Stunde behandelt werden, um Verwirrungen zu
vermeiden. Falls Zeit und Interesse besteht, kann der Wortschatz erweitert werden
(🐚siehe Aufbauwortschatz).

◢ Die Unterrichtsschritte im Einzelnen:

Schritt 1: Der L hat einige Lebensmittel mitgebracht. Er holt sie aus einem Korb und spricht dazu:

Ben kahvaltı getirdim: ekmek, çay, yoğurt, salam, meyve, meyve suyu, şeker.

Danach deutet der L noch einmal auf jeden Gegenstand und wiederholt dazu die Begriffe.

Schritt 2: Die KT ordnen den Lebensmitteln WK zu und sprechen dazu:

Bu ekmek, bu şeker ...

ekmek	çay	yoğurt	salam	meyve

meyve suyu	şeker

Schritt 3: Der L entfernt die WK, deutet auf die Gegenstände und die KT sprechen wieder dazu: Bu çay, bu meyve...

Schritt 4: Der L nimmt das Obst und den Zucker spricht dazu:
Meyve çok sağlıklı, çok iyi. Şeker sağlıklı değil, iyi değil.

Die KT erschließen aus dem Kontext die Bedeutung von *sağlıklı*. Sie bilden weitere Sätze: Ekmek sağlıklı, çay sağlıklı, şeker sağlıklı değil,...

Schritt 5: Der L gibt jedem KT eine WK (beschriftet mit *ekmek ve salam, ekmek ve çay* ...). Er beginnt selbst zu sprechen:

Bende ekmek ve çay var. Ich habe Brot und Tee.
Die KT formulieren zu ihren WK weitere Sätze, z. B.
Bende ekmek ve salam var. Ich habe Brot und Salami.
Bende şeker ve çay var. Ich habe Zucker und Tee.

Schritt 6: 🔲
Die KT hören den Lektionstext dreimal ohne Textvorlage. Sie berichten, was sie verstanden haben. Danach hören sie den Text noch einmal mit Vorlage.

Schritt 7: Die KT übersetzen in PA den Lektionstext mit Hilfe des Vokabulars.

Schritt 8: Die KT lesen den Text erst still, dann mit verteilten Rollen.

Schritt 9: Das Vokabular wird mit Hilfe von Übung 4 ohne Zuhilfenahme des Glossars um folgenden Wortschatz erweitert: *Elma, elma çayı, portakal, portakal suyu, mandali-*

na, süt, muz, peynir, reçel. Im Anschluss ordnen die KT den Gegenständen, die der L mitgebracht hat, wieder WK zu und sprechen laut: „Bu elma, bu muz, ...“

Schritt 10: Die KT üben den Wortschatz anhand des zweisprachigen Memorys der Spielecke.

Schritt 11: Die KT üben den Wortschatz mit Hilfe Übung 6. Die KT befragen sich dabei gegenseitig.

Schritt 12: Die KT üben das Vokabular mit Übung 5. Die Form *seviyor musun* und *sev-miyorum* wird dabei noch nicht analysiert.
Der L beginnt, indem er einem KT eine Frage stellt. Dieser beantwortet die Frage und stellt seinerseits einem weiteren KT eine Frage etc.

Schritt 13. Der L erklärt die Fragesatzbildung im Präsens. Diese wird durch TA veranschaulicht, wobei die KT nach dem ersten Beispiel die weiteren Frageformen selbst erschließen können. Die 3. Person Plural wird als Ausnahme markiert.

gid - i - yor - <u>um</u>   gid - i - yor - <u>sun</u>

gid - i - yor   muy<u>um</u>?   gid - i - yor   mu<u>sun</u>?

gid - i - yor

gid - i - yor   mu?...

	gid - i - yor - lar
Aber:	
	gid - i - yor - lar mı?

Schritt 14: Die KT bearbeiten die Aufgabe 3.

Schritt 15: Die KT erarbeiten sich die Bildung der Aufforderung mittels Buchvorlage selbst. Sie finden weitere Beispiele, die an der Tafel notiert werden, z. B.

İç! İçin! İçiniz!
İçme! İçmeyin! İçmeyiniz!

Getir! Getirin! Getiriniz!
Getirme! Getirmeyin! Getirmeyiniz!

Konuş! Konuşun! Konuşunuz!
Konuşma! Konuşmayın! Konuşmayınız!

Schritt 16: Die KT füllen zur Fragesatzbildung im Perfekt die Tabelle im Kursbuch aus, vergleichen im Anschluss die Lösung untereinander und schließlich mit der Vorgabe am OHP.

Schritt 17: Die KT bearbeiten die Aufgaben 1, 2 und 7.

Schritt 18: Kartenspiel zum Präsens und Perfekt (Spielecke).

Schritt 19: Die KT spielen den Dialog (Aufgabe 10).

Schritt 20: 📼
Höraufgabe des Aufgabenteils nach Vorgabe.

Schritt 21: 📼
Falls gewünscht, Übungen 8 und 9 zum Aufbauwortschatz.

Lektion 7: Ali bugün hasta

〰 Didaktischer Kommentar:

Kinder beschäftigen sich gerne mit dem Thema *Krankheit* und stellen Krankheitsszenen oft im Rollenspiel nach. Krankheiten sind aber auch sonst alltäglicher Gesprächsanlass in den Erziehungseinrichtungen. Der Lehrbuchtext greift eine typische Gesprächssequenz zwischen Erzieher und Kind auf. Es geht um die Art und Schwere der Krankheit und natürlich werden dem Kranken die besten Wünsche übermittelt. Sollte genügend Zeit bleiben, so könnte das Thema durch weitere typische Gesprächssituationen (Aufbauwortschatz) erweitert werden.

Die Einführung in das Thema erfolgt über den neuen Wortschatz, der von den KT durch ein Kombinationsspiel selbst erschlossen wird. Das Vokabular wird anschließend durch aktive und variable Anwendung gefestigt. Dies bereitet auf das spätere Textverstehen vor. Der L sollte daher für diese Phase genügend Zeit einplanen. Nach der Texterschließung werden die Regeln für die verneinte Präsensform von den KT ermittelt und formuliert. Im Anschluss wird das Gelernte durch Übungen gefestigt. Bei der Einführung der verneinten Frage kann der L an die bereits bekannte nicht verneinte Frageform anknüpfen. Die verneinte Form ist dann nicht mehr schwierig. Das Kartenspiel des Spielteils sollte nicht mehr in der gleichen Unterrichtsstunde eingesetzt werden, da es alle gelernten Verbformen beinhaltet. Um Verwirrungen und Verwechslungen zu vermeiden, sollten diese Formen (verneinte und nicht verneinte Formen im Präsens und Perfekt inklusive der Frageformen) erst separat geübt werden.

■ **Die Unterrichtsschritte im Einzelnen:**

Schritt 1: Die KT klären die Bedeutung einiger Lektionswörter, indem sie folgende Begriffe einander zuordnen (AB oder OHP):

ilaç		ansteckend
bulaşıcı		sich schlecht fühlen
ateş		Ist die Krankheit ansteckend?
Hayır, o kadar değil.		Wir gehen gleich.
Hastalık bulaşıcı mı?		Medizin
kusmak		gleich
kendini kötü hissetmek		Nein, nicht so sehr.
hastalık		Fieber
Hemen gidiyoruz.		sich übergeben
hemen		die Krankheit

Schritt 2: Die KT werden aufgefordert, in PA mit Hilfe des neuen Vokabulars selbst einen kleinen Dialog zu entwerfen. Der L berät die Gruppen bei der Erstellung der Dialoge. Die KT lesen ihre Dialoge im Anschluss mit verteilten Rollen vor.

Schritt 3: ▦
Die KT hören den Lektionstext zweimal ohne Textvorlage. Sie teilen mit, was sie verstanden haben.

Schritt 4: ▦
Die KT hören den Text noch einmal und lesen mit. Anschließend klären sie den Textinhalt in PA.

Schritt 5: Die KT lesen den Text zunächst still, dann mit verteilten Rollen, erst in PA, dann im Plenum.

Schritt 6: Der L weist darauf hin, dass es im Text eine verneinte Präsensform gibt. Die KT nennen die Form (gelmiyor) und erschließen weitere Formen, welche an der Tafel notiert werden:

gel - mi - yor - um   gül - mü - yor - um

yat - mı - yor - um   uyu - mu - yor - um

Schritt 7: Die KT vervollständigen die Tabelle im Lehrbuch. Kontrolle zuerst in PA und dann durch Vergleich mit der Lösung am OHP.

Schritt 8: Die KT bearbeiten Aufgabe 1 und 2.

Schritt 9: Wiederholung des Frageparadigmas für die Verbformen im Präsens (s. Lektion 6) anhand Übung 2, zunächst nur die positive Form, welche an der Tafel notiert wird. Anschließend wird parallel dazu die verneinte Form gebildet, zunächst an der Tafel, dann an den Beispielen von Übung 2:

(Ben)	geliyor muyum?	Gelmiyor muyum?
(Sen)	geliyor musun?	Gelmiyor musun?
(O)	geliyor mu?	Gelmiyor mu?
(Biz)	geliyor muyuz?	Gelmiyor muyuz?
(Siz)	geliyor musunuz?	Gelmiyor musunuz?
(Onlar)	geliyorlar mı?	Gelmiyorlar mı?

Schritt 10: Die KT bearbeiten die Aufgaben 3–5.

Schritt 11: Rollenspiel als Sprechübung.

Schritt 12: 🔲
Höraufgaben 1 und 2 nach Vorgabe.

Schritt 13: Kartenspiel des Spieleteils.

Schritt 14: 🔲
Falls gewünscht, Aufbauwortschatz mit Dialogen.

Lektion 8: Spor için neler gerekiyor?

📚 Didaktischer Kommentar:

Sportunterricht ist Bestandteil des Kindergarten- und Schulalltages. Im Kontakt mit den Eltern muss zunächst die Frage geklärt werden, welche Kleidung das Kind für den Sportunterricht benötigt. Der Lektionstext thematisiert die häufig vorkommende Situation, dass Sportsachen zu Hause vergessen werden und das Kind daher nicht mitturnen kann. Es geht in dieser Lektion aber nicht nur um Sportkleidung, sondern auch um andere Kleidungsstücke. Grammatisch gesehen wird das Possessiv wichtig, hier der Besitz von bestimmten Kleidungsstücken und anderen Utensilien.

Die Hinführung zum Lektionstext erfolgt über ein Gespräch zum Sportunterricht. Der L bringt dabei den neuen Wortschatz der Lektion zur Sprache, wobei er gegebenenfalls einzelne Ausdrücke ins Deutsche übersetzt. Einzelne Begriffe wie *spora katılmak, şort, tişört, spor çantası* etc. sollten dabei an die Tafel geschrieben werden, um die Einprägsamkeit zu erhöhen. Bei der Textklärung muss die Besonderheit der Perfektmarkierungen vom L erklärt werden, da für eine induktive Erschließung zu wenig Beispiele vorhanden sind. Allerdings können nach Vorgabe eines Beispiels weitere von den KT selbst eingebracht werden (z. B. *güzeldi*; *hastaydı*). Der Kernwortschatz *Kleidung* wird erst danach unter Einsatz von Kleidungsstücken und WK eingeführt. Prinzipiell könnte diese Phase auch am Anfang der Einheit stehen, doch steht dieser Wortschatz im Lektionstext nicht im Vordergrund, so dass diese Herangehensweise keine wirkliche Vorbereitung auf das Textverstehen wäre. Der Wortschatz muss intensiv geübt werden, bevor er als Grundlage für grammatische Inhalte herangezogen werden kann. Die Trennung lexikalischer und grammatischer Inhalte sorgt für eine geringere Komplexität der Verstehensanforderungen. Der Lerner kann beim Lernen neuer Inhalte auf Bekanntem aufbauen.

Dies gilt auch für die Einführung des Possessivs. Es kann in Analogie zu bekannten Formen (anne-m, ad-ım) für die 1./2. Person Singular und die 2. Person Plural (ad-ınız) gebildet und geübt werden. Darauf aufbauend erschließen sich die KT die übrigen Formen über die Tabellen. Diese werden ebenfalls geübt, bevor die Kombination des Genitivs mit dem Possessiv eingeführt wird. Diese Form ist für Türkischlernende erfahrungsgemäß etwas schwierig und sollte nicht gleichzeitig mit den Possessivendungen in einer Unterrichtseinheit eingeführt werden.

∎ Die Unterrichtsschritte im Einzelnen:

Schritt 1: Der L führt ein kurzes Gespräch mit den KT über den Sportunterricht. Wenn der L eine deutsche Entsprechung einfügt, wiederholt er im Anschluss noch einmal den türkischen Satz:

L: Erich, sen bugün anaokulunda spor yaptın mı?
E: Hayır.
L: Kim spor yaptı?
A: Ben spor yaptım.
L: Nerede?
A: Spor salonunda.
L: Bütün çocuklar spora katıldılar mı (Haben alle Kinder teilgenommen)?
A: Evet/ Hayır...
L: Spor yapmak için neler gerekiyor (was ist für den Sport notwendig?) ...

Wichtige Begriffe werden an der Tafel notiert.

Schritt 2: 🎴
Die KT hören den Lektionstext zweimal ohne Textvorlage. Erste Verständnisklärung.

Schritt 3: 🎴
Die KT hören den Text noch einmal mit Textvorlage. Der Text wird in PA mit Hilfe des Vokabulars übersetzt. Bei der Besprechung sollte auf die Besonderheit des Türkischen hingewiesen werden, dass Perfektmarkierungen auch an Adjektiven und Adverbien sowie an Ortsmarkierungen festgemacht werden können. Das Textbeispiel *usluydu* sollte durch weitere Beispiele ergänzt werden, z. B.

Meltem çok uslu-y-du.
Çanta çok güzel-di.
Annem hasta-y-dı.
Babam fena değil-di.
Ben çok yorgun-dum.
Anaokulunda-y-dım.
Mutfakta-y-dım.

Schritt 4: Der L hat eine Reihe von Kleidungsstücken mitgebracht. Er nimmt diese nach und nach aus seiner Tasche und spricht dazu das türkische Wort. Danach ordnen die KT den Kleidungsstücken die entsprechenden WK zu:

kazak	manto	çorap	etek	pantolon
bluz	ayakkabı	terlik	tişört	mayo
elbise	ceket	gömlek	şapka	

Schritt 5: Die KT üben den neuen Wortschatz mit Hilfe des Memory- und des Domino-spiels der Spielecke.

Schritt 6: [Kassette]
Der L schreibt den Begriff *çorap* groß an die Tafel und gibt die deutsche Entsprechung dazu. Die KT hören den Text *Gardıropta* (Übung 1) zweimal. Nach einer ersten Verständnisklärung hören sie den Text noch einmal mit Textvorlage.

Schritt 7: Das Tafelbild wird um die im Text vorkommenden Formen erweitert:

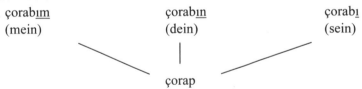

çorab<u>ım</u>   çorab<u>ın</u>   çorab<u>ı</u>
(mein)   (dein)   (sein)

çorap

Ad-<u>ım</u>   Ali.
Ad-<u>ın</u>   ne?

Der L verweist dabei auf die bereits bekannten Formen *adım* und *adın*, so dass die Bedeutung von *çorabım* und *çorabın* von den KT selbst erschlossen werden kann.

Schritt 8: Jeder KT deutet auf seine eigenen Kleidungsstücke und spricht dazu:
„Bu pantolonum, bu bluzum, ...“

Schritt 9: Die KT bearbeiten Aufgabe 2.

Schritt 10: Die KT vervollständigen die erste Tabelle zu den Possessivformen. Vergleich zunächst mit dem Partner und dann im Plenum. Kontrolle über OHP.
Gegebenenfalls wird die Vokalharmonie noch einmal an den im Buch stehenden Beispielen erklärt und durch weitere Beispiele ergänzt.

Schritt 11: Die KT vervollständigen die zweite Tabelle (Possessivendung für Wörter, die auf einen Vokal enden). Vergleich der Ergebnisse in der Gruppe und mit der Lösung am OHP.

An dieser Stelle kann auch auf die Possessivkonstruktion türkischer „Komposita" hingewiesen werden. TA:

spor eşyalar-ı	evcilik köşe-si
spor ayakkabı-sı	müzik oda-sı
spor çanta-sı	spor salon-u

Schritt 12: Die KT vervollständigen die dritte Tabelle zum Plural des Possessivums. Kontrolle wie oben.

Schritt 13: Die KT lesen die Regeln zur Bildung und zum Einsatz des Possessivpronomens.

Schritt 14: Die KT bearbeiten die Übungen 3 und 4.

Schritt 15: Der L deutet auf seine Hose und dann auf die Hosen zweier KT und spricht dazu:
Bu benim pantolonum.
Bu senin pantolonun.
Bu Kerstin'in pantolonu.

Letzteres wird an der Tafel notiert. Der L erklärt die Genitivbildung, die KT finden weitere Beispiele, die ebenfalls an der Tafel festgehalten werden, z. B.

Bu Kerstin'in pantolonu.
Bu Erich'in kazağı.
Bu Birgit'in mantosu.
Bu Anne'nin eteği etc.

Schritt 16: Die Genitivregel wird nun auf die *haben*-Konstruktion erweitert. TA:

Bu Kerstin'in pantolonu.	⟶	Kerstin'in pantolonu var.
Bu Erich'in kazağı.	⟶	Erich'in kazağı var.
Bu Birgit'in mantosu.	⟶	Birgit'in mantosu var.

...

Schritt 17: Die KT bearbeiten Aufgabe 7.

Schritt 18: Die *haben*-Konstruktion wird durch ein Adjektiv erweitert. TA:

Erich'in kazağı var.   Erich'in güzel bir kazağı var.
                              Erich'in güzel kazağı yok.

Die übrigen Tafelbeispiele werden von den KT entsprechend mit den Adjektiven *güzel, yeni, yırtık, şahane* erweitert.

Schritt 19: Die KT bearbeiten die Aufgaben 5 und 6.

Schritt 20: Rollenspiel (Aufgabe 10) als Sprechübung.

Schritt 21: 🔳
Die KT hören den Dialog und übersetzen ihn mit Hilfe des Vokabulars.

Schritt 22: 🔳
Höraufgabe nach Vorgabe.

Schritt 23: Bei Interesse können die Aufgaben 8 und 9 (Aufbauwortschatz) bearbeitet werden. Als zusätzliche Übungsmöglichkeit gibt es hierzu ein Quartettspiel im Spieleteil.

Lektion 9: Yarın bir gezi yapacağız

🐌 Didaktischer Kommentar:
Lehrer und Erzieher unternehmen mit ihren Schützlingen häufig Ausflüge in die nähere Umgebung. Im Lehrbuchdialog geht es um mögliche Ausflugsziele und den Zeitpunkt der Rückkehr. Dabei kommen beliebte Ausflugsziele wie Spielplatz, Zoo oder das Schwimmbad zur Sprache. Da sich die Planungen auf einen festen Zeitpunkt in der Zukunft beziehen, wird im Türkischen die Zeitform Futur verwendet. Ortsangaben auf die Frage *wohin* werden im Türkischen mit dem Dativ wiedergegeben. Für die Angabe der Uhrzeit wiederum werden Zahlen benötigt. Die Basisübungen beschränken sich auf die Wiedergabe der vollen Stunden. Weiterführende Angaben finden sich im Aufbauwortschatz.
Die Unterrichtseinheit beginnt nach einer Aufwärmphase mit einer Wortschatzarbeit zum Lektionstext. Der L hat dazu Gegenstände und Wortkarten mitgebracht. Mit dem erarbeiteten Wortschatz sind die KT auf den Lektionstext vorbereitet und können eigene Hypothesen anstellen. Nach der Texterarbeitung folgen abwechselnd grammatische Inhalte und Übungen. Die Regeln zur Dativbildung können anhand der Beispiele im Text von den KT induktiv erschlossen und formuliert werden. Es sollten aber immer noch weitere Beispiele genannt werden. Auch die Regeln zur Futurbildung werden von

den KT selbst erarbeitet und formuliert. Die Zahlen bis 20 werden spielerisch erarbeitet. Der Weg führt hier von der Reihenbildung (bir, iki, üç...) zum variablen Gebrauch (üç, sekiz, bir...).

■ Die Unterrichtsschritte im Einzelnen:

Schritt 1: Der L packt Gegenstände aus und spricht dazu: *„Size birkaç eşyalar getirdim: güneş kremi, havlu, mayo, güneş şapkası, yağmurluk, otobüs bileti."*

Schritt 2: Der L deutet noch einmal auf jeden Gegenstand und spricht dazu. Die KT versuchen mitzusprechen.

Schritt 3: Die KT ordnen den Gegenständen WK zu und sprechen dazu:

| güneş kremi | havlu | mayo | güneş şapkası |

| yağmurluk | otobüs bileti |

Schritt 4: Die KT sprechen (auch auf Deutsch) über beliebte Ausflugsziele für Kinder. Entsprechende Begriffe wie *çocuk bahçesi* oder *park* können dabei an der Tafel notiert werden.

Schritt 5: 🔲
Die KT hören den Lektionstext zweimal ohne Textvorlage. Sie berichten, was sie verstanden haben. Gegebenenfalls werden dabei die Begriffe *park*, *çocuk bahçesi* und *yüzme havuzu* an die Tafel geschrieben.

TA:
park

çocuk bahçesi
yüzme havuzu

Schritt 6: 🔲
Die KT hören den Text noch einmal, diesmal mit Textvorlage.

Schritt 7: Die KT übersetzen den Text in PA mit Hilfe des Vokabulars.

Schritt 8: Die KT lesen den Text erst still, dann mit verteilten Rollen in PA und im Plenum.

Schritt 9: TA: Nereye gideceğiz?
Der L spricht die deutsche Übersetzung dazu und deutet auf den Begriff *park*.
Die KT formulieren mit Hilfe des Textes den Dativ, ebenso für die zwei weiteren Ausdrücke. Als weitere Beispiele gibt der L die Begriffe *oda* und *bahçe* vor. Die KT versuchen, den Unterschied zwischen den Konstruktionen mit *n*- und *y*-Bindelaut zu erklären.

Nereye gideceğiz?

Einfache Wörter:

park   -   a̲

oda   - y - a̲

bahçe - y - e̲

Possessiva:

çocuk bahçe_si_ - n - e̲

yüzme havuz_u̲_ - n - a̲

```
┌─────────────────────────────────────────┐
│  nereye  ▯══▷      (y,n) -a, -e           │
└─────────────────────────────────────────┘
```

Die KT lesen die weiteren Angaben im Kursbuch zu den Besonderheiten bei Eigennamen sowie der Konsonantenerweichung.

Schritt 10: Die KT bearbeiten Aufgabe 3.

Schritt 11: Der L verweist auf die Futurbildungen im Lektionstext. Die KT erarbeiten mit Hilfe der Tabelle die Regeln der Futurbildung. Die Besonderheit der Konsonantenerweichung zwischen Vokalen wird im Tafelbild festgehalten:

(sen) gel   - ecek - sin

(sen) yap   - acak - sın

(sen) uyu - y - acak - sın

Aber:

(ben) gel   - ecek - im   ⇨   gel - eceğ - im

(biz) yap   - acak - ız   ⇨   yap - acağ - ız

```
┌─────────────────────────────────────────┐
│  Futur  ▯══▷      -ecek/acak-             │
│                   -eceğ/acağ-             │
└─────────────────────────────────────────┘
```

Die KT formulieren weitere Beispiele.

Schritt 12: Die KT vervollständigen die Tabelle zur verneinten Futurbildung. Im Anschluss wird die Regel an der Tafel noch einmal expliziert.
TA:

gel   - | me | - y   eceğ - im

gel   - | me | - y - ecek - sin

uyu   - | ma | - y - acağ - ım

uyu   - | ma | - y - acak - sın

```
┌──────────────────────────────────────────────────┐
│  Futur verneint  ▯══▷   me/ma - y - ecek/acak-     │
│                         me/ma - y - eceğ/acağ-     │
└──────────────────────────────────────────────────┘
```

Schritt 13: Die KT bearbeiten die Übungen 1, 2, 4 und 5.

Schritt 14: Die KT spielen das Kartenspiel der Spielecke.

Schritt 15:
Der L zeigt eine Bildkarte mit einem Gegenstand. Dazu spricht er die Zahl *bir*. Dann fügt er nach und nach weitere Gegenstände hinzu und spricht aufbauend die Zahlen bis 10. Die KT versuchen mit der Zeit mitzusprechen:

bir top dondurma
bir, iki top dondurma
bir, iki, üç top dondurma
bir, iki, üç, dört top dondurma etc.

Schritt 16: Der L zeigt Zahlen in ungeordneter Folge, die KT nennen den türkischen Ausdruck.

Schritt 17: *Ups*-Spiel: Die KT zählen reihum. Die Zahl vier und acht darf nicht ausgesprochen werden, sondern wird durch *ups* ersetzt. Wer einen Fehler macht, bekommt einen Strafpunkt o.ä.

Schritt 18: Die Zahlen werden bis 20 erweitert. In der Regel genügt ein Beispiel des Lehrers (on bir), so dass die Reihe von den KT vervollständigt werden kann. Auch hier bietet sich wieder eine spielerische Übung wie im vorherigen Unterrichtsschritt an.

Schritt 19: Der L zeichnet einige Gegenstände an die Tafel, z. B. drei Bälle, zwei Mützen etc. Die KT übersetzen. Dabei wird noch einmal bewusst gemacht, dass das Substantiv bei Mengenangaben im Singular verbleibt:

üç top, üç tane top
iki şapka, iki tane şapka ...

Schritt 20: Aufgaben 6–12.

Schritt 21: Rollenspiel (Aufgabe 13) als Sprechübung.

Schritt 22:
Die KT hören und übersetzen Dialog 1 und 2.

Schritt 23: 🔲
Höraufgabe nach Vorgabe.

Schritt 24: Bei Interesse können die Aufgaben 14, 15 und 16 (Aufbauwortschatz) bearbeitet werden. Bei den Uhrzeiten sollte der L aber einige Beispiele vorgeben.

Lektion 10: Bir resim boyamak ister misin?

🕮 Didaktischer Kommentar:

Farben spielen im pädagogischen Alltag eine wichtige Rolle. Muttersprachliche Kenntnisse helfen dem Erzieher zu erkennen, ob das Kind Farben als solche überhaupt erkennen kann.

Protagonistin der Szene des Lektionstextes ist ein Mädchen, das ein Bild ausmalt. Da das Kind bei der Wahl der Farben immer einen bestimmten Gegenstand vor Augen hat (*Die Sonne male ich gelb...*), wird der bestimmte Akkusativ benötigt. Als Vorbereitung auf den Lektionstext werden die Farben über ein Quartettspiel eingeführt. Dieses Spiel ermöglicht den Erwerb der Farbnamen auch ohne deutsche Entsprechung. Der neu erworbene Wortschatz wird in einer Übung gefestigt, bevor die eigentliche Textarbeit beginnt. Der Grammatikteil beinhaltet formal keine größeren Schwierigkeiten und kann von den KT anhand des Kursbuches weitgehend selbst erarbeitet werden. Der Schwerpunkt sollte auf den Unterschied zwischen bestimmtem und unbestimmtem Akkusativ gelegt werden, dem im Deutschen in etwa der Gegensatz zwischen bestimmtem und unbestimmtem Artikel im Akkusativ entspricht. Das Quartettspiel am Ende der Unterrichtseinheit greift mit der vorgegebenen Dialogroutine das Thema Farben noch einmal auf und verbindet es mit den neuen grammatischen Inhalten.

▪ Die Unterrichtsschritte im Einzelnen:

Schritt 1: Der Wortschatz *Farben* wird über ein Quartettspiel (2. Quartettspiel der Spielecke) eingeführt.

Schritt 2: 🔲
Die KT hören den Lektionstext zwei- bis dreimal ohne Textvorlage. Erste Textklärung.

Schritt 3: 🔲
Die KT hören den Text noch einmal mit Textvorlage. Der Inhalt wird grob geklärt, der Text anschließend in PA mit Hilfe des Vokabulars übersetzt. Am Beispiel des häufig vorkommenden *boyayacağım* kann noch einmal die Futurbildung wiederholt werden.

Schritt 4: Die KT lesen den Text erst still, mit verteilten Rollen in PA und im Plenum.

Schritt 5: Der L erklärt die Regelbildung zum Akkusativ. Die KT lesen die Hinweise im Lehrbuch. Die Regel wird durch ein Tafelbild veranschaulicht:

$$I (i, ı, u, ü)$$

çimen	çimen	- i
pantolon	pantolon	- u
güneş	güneş	- i
otobüs	otobüs	- ü

Die KT suchen nach weiteren Beispielen, die ebenfalls an der Tafel notiert werden, darunter auch Wörter, die auf Vokal enden:

bahçe	bahçe - y - i
şapka	şapka - y - ı
çanta	çanta - y - ı

| Akkusativ | (y) ı, i, u, ü |

Schritt 6: Der Unterschied zwischen bestimmtem und unbestimmtem Akkusativ sollte in mehreren Beispielen deutlich gemacht werden, die auch von den KT eingebracht werden, z. B.:

| Güzel renkler seçtin. | Du hast schöne Farben gewählt. |
| Kırmızı rengi al! | Nimm die rote Farbe! |

| Ekmek istiyorum. | Ich möchte Brot. |
| Ekmeği buraya koy! | Lege das Brot hierher! |

| Bir şapka giy! | Setze eine Mütze auf! |
| Şapkanı nerede bıraktın? | Wo hast du deine Mütze gelassen? |

Schritt 7: Die Akkusativbildung bei Personalpronomen soll von den KT weitgehend selbst erschlossen und an der Tafel notiert werden:

ben	- i
sen	- i
o - n	- u
biz	- i
siz	- i
onlar	- ı

Schritt 8: Die KT bearbeiten Aufgabe 1, 2 und 4. Kontrolle zunächst in PA und dann im Plenum.

Schritt 9: Die KT bearbeiten Aufgabe 3, 5 und 6.

Schritt 10: Die KT spielen das Quartettspiel 1 der Spielecke.

Schritt 11: 📼

Höraufgabe nach Anweisung.

Lektion 11: Hafta sonunda ne yaparsınız?

🥢 Didaktischer Kommentar:

Kinder erzählen im Morgenkreis häufig von ihren Erlebnissen am Wochenende. Dabei kommen verschiedene Freizeitaktivitäten, doch auch alltägliche Verpflichtungen zur Sprache. Auch Erwachsene benötigen diesen Wortschatz, um im Freundeskreis zu erzählen oder Verabredungen zu treffen. In grammatischer Hinsicht dominiert das erzählende Perfekt. Im Türkischen benötigt man außerdem den Aorist, um von regelmäßigen oder in der Zukunft wahrscheinlich stattfindenden Handlungen zu berichten. Diese Zeitform stellt aufgrund ihrer Unregelmäßigkeit eine gewisse Schwierigkeit für Türkischlerner dar und bedarf einiger Übung. Die anfängliche kognitive Herangehensweise muss zugunsten einer zunehmend automatisierten Verwendung der Verbformen zurücktreten. Dies kann über einen möglichst häufigen Gebrauch der Verben in unterschiedlichen Übungsformen erreicht werden.

Als Einstieg und Hinführung zum Text werden die im Text genannten Freizeitbeschäftigungen pantomimisch dargestellt. Um den Wortschatz zu festigen, werden die KT aufgefordert, selbst von ihren Aktivitäten am Wochenende zuvor zu erzählen. Bei der nachfolgenden Textarbeit wird sowohl das Global- als auch das Detailverstehen geübt. Letzteres wird v. a. durch den Einsatz eines AB unterstützt, das gleichzeitig auf das Verstehen und die Verwendung des Aorists vorbereitet. Dieser wird im grammatischen Teil in mehreren Schritten erarbeitet. Es ist wichtig, nach jedem Schritt Reflexionsphasen und Beispiele einzuschieben. Die verneinte Form des Aorists erfolgt erst nach intensiver Übung der unregelmäßigen Verbbildungen. Immer wieder erhalten die KT dabei Gelegenheit, das Gelernte in freien Anwendungen zu festigen.

■ Die Unterrichtsschritte im Einzelnen:

Schritt 1: Der L hängt WK an die Tafel:

televizyon seyretmek	yemeği pişirmek	ütü yapmak
el işi yapmak	kitap okumak	müzik dinlemek
piknik yapmak	top oynamak	yüzmeye gitmek

Der L gibt einem KT eine WK, auf der einer der Begriffe mit der deutschen Übersetzung steht. Dieser KT spielt die Handlung pantomimisch vor, die anderen KT formulieren den passenden türkischen Begriff (z. B. *el işi yapıyorsun*). Danach wählt der KT einen anderen KT, der ein weiteres Kärtchen mit deutscher Übersetzung erhält und die Handlung vorspielt etc.

Schritt 2: Die KT erzählen, was sie am Wochenende gemacht haben. Weitere Aktivitäten können an der Tafel notiert werden, z. B. *bisiklete bindim, evde kaldım, ...*

Schritt 3: 🖭
Die KT hören den Lektionstext dreimal ohne Textvorlage. Erste Textklärung. Danach erhalten sie das Arbeitsblatt Lektion 11 (vgl. S. 43). Der Lektionstext wird mehrmals abgespielt. Dazwischen haben die KT Gelegenheit, untereinander ihre Ergebnisse zu vergleichen.

Schritt 4: 🖭
Die KT hören noch einmal den Lektionstext mit Textvorlage. Der Inhalt wird grob wiedergegeben. Anschließend übersetzen die KT den Text in PA mit Hilfe des Vokabulars. Vergleich der Übersetzung im Plenum. Bei dieser Gelegenheit wird auch das AB kontrolliert.

Schritt 5: Die KT lesen den Text erst still, dann laut in PA und dann im Plenum mit verteilten Rollen.

Schritt 6: Die KT lesen die Erläuterungen zur Funktion des Aorists im Kursbuch. Anschließend füllen sie die ersten beiden Tabellen zur Verbflexion aus. Entsprechende Beispiele für diese Verbgruppen werden an der Tafel gesucht und ergänzt, z. B.:

el işi yapmak	El işi yap-ar.
kitap okumak	Kitap oku-r.
yüzmeye gitmek	Yüzmeye gid-er.
müzik dinlemek	Müzik dinle-r.
top oynamak	Top oyna-r.
pantolonu yıkamak	Pantolonu yıka-r.
şarkı söylemek	Şarkı söyle-r.

Arbeitsblatt Lektion 11

1. Vervollständigen Sie folgende Ausdrücke:

Sen anlatmak _____?
Evde _____.
Annem yemeği _____.
Bazı akşamlar misafir _____.
Ben hiç bir şey _____.
Güzel bir kitap _____.
Annem de her zaman söyler, fakat ben _____.
Bazen Kuhsee'ye _____.
Orada piknik_____.
Top oynarız, yüzmeye_____.
İnşallah izin_____.
Evet, kahvaltı_____.
Fakat ızgara da _____.

2. Piknikte neler var?

_____

3. Doğru veya yanlış?

	doğru	yanlış
Özlem'in babası ütü yapar.		
Özlem hiç bir şey yapmaz.		
Özlem hafta sonunda çok sıkıldı.		
Piknikte şeker var.		
Özlem bazen piknik yapar.		
Öbür çocuklar küçük.		
Özlem güzel kitaplar okur.		

Die entsprechenden Regeln werden an der Tafel notiert:

Aorist	⟹	Verben auf Vokal	*r*
		einsilbige Verben	*er/ar*
		(nicht auf -r, -l)	

Schritt 7: Die KT füllen die weiteren beiden Tabellen im Kursbuch aus.
Die Regel an der Tafel wird erweitert:

Aorist	⟹	Verben auf Vokal	*r*
		einsilbige Verben	*er/ar*
		(nicht auf -r, -l)	
		mehrsilbige Verben +	
		einsilbige Verben	*Ir*
		auf l und r	

Schritt 8: Die KT suchen im Glossar weitere Beispiele für die neuen Regeln.
Als Ausnahme wird das Wort *seyretmek* (seyred-er) festgehalten.

Schritt 9: Die KT bearbeiten die Übungen 3, 4, 5, 6, 9, 10.

Schritt 10: Kartenspiel der Spielecke.

Schritt 11: Die KT füllen die Tabelle zur verneinten Form der breiten Zeit aus.

Die Regel wird visualisiert:

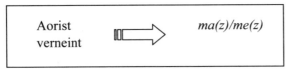

Aorist verneint	⟹	*ma(z)/me(z)*

Schritt 12: Die KT bearbeiten die Übungsaufgaben 1, 7, 8, 11 und 12. Aufgabe 2 dient der Wiederholung des Perfekts und fördert die Sprachanwendung.

Schritt 13: 📼
Die KT hören und übersetzen den Dialog.

Schritt 14: 📼
Höraufgaben nach Vorgabe.

Lektion 12: Canan'ın doğum günü var

⮂ Didaktischer Kommentar:

Feiern haben einen festen Platz in pädagogischen Einrichtungen. Die wichtigsten Feste der Türkei finden sich zusammen mit entsprechenden Glückwunschformeln im Kursbuch. Neben dem Zuckerfest (şeker bayramı) spielt der Geburtstag für die Kinder eine wesentliche Rolle. Türkische Kinder bringen an ihrem Geburtstag oft Süßigkeiten für die anderen Kinder mit. Der Lektionstext führt aber über die Geburtstagssituation hinaus, es folgt ein Gespräch zwischen der Lehrerin und der türkischen Mutter, bei dem es um die Vereinbarung eines Sprechstundentermins geht. Die Szene schließt mit einer Verabschiedung, in der auch die Sprachmischung sichtbar wird, welche Ausdruck der bilingualen Situation der Migranten in Deutschland ist.

In grammatischer Hinsicht verlangt dieses Kapitel den Lernenden einiges ab. Im Mittelpunkt stehen die Formen der Möglichkeit/Erlaubnis (können/dürfen) bzw. der Nichtmöglichkeit und des Verbots (nicht können/nicht dürfen) sowie der Notwendigkeit (müssen). Die Schwierigkeit besteht zum einen in der Ähnlichkeit der Verbotsform zum verneinten Aorist, zum anderen in der Ähnlichkeit zwischen dem verneinten Aorist und den substantivierten Verben. Diese Schwierigkeiten erfordern ein behutsames Vorgehen mit ausreichendem Übungsangebot zwischen den einzelnen grammatischen Inhalten. Auf keinen Fall dürfen diese auf einmal, d. h. ohne dazwischen liegende Übungsphasen, präsentiert werden. Da die Möglichkeitsform in ihrer positiven und negativen Variante erfahrungsgemäß Schwierigkeiten bereitet, werden viele systematisierende Übungen angeboten, in denen das Gelernte noch einmal klar strukturiert werden kann. Diese Übungen sollten in den folgenden Unterrichtsstunden wiederholt werden.

Die Unterrichtseinheit beginnt mit einer Wortschatzsammlung zum Thema *Geburtstag*. Dabei wird für die spätere Textarbeit wichtiges Vokabular gesammelt. Dieser Wortschatz wird kommunikativ eingebettet und so gefestigt. Anhand einer Zuordnungsübung deutscher zu türkischen Phrasen wird der Lektionstext weiter vorentlastet. Nach der Texterschließung erarbeiten die KT die Regeln zur Möglichkeitsform mit Hilfe der Textbeispiele und der Tabelle im Kursbuch. Danach folgen ausgiebige Übungen, bevor die verneinte Form besprochen wird. Hier sollte der Unterscheidung zwischen dem verneinten Aorist und der Unmöglichkeitsform genügend Zeit eingeräumt werden. Danach folgt eine lange Übungsphase, die auf keinen Fall abgekürzt werden darf. Die restlichen Formen werden daher auf jeden Fall einer weiteren Unterrichtsstunde vorbehalten sein. Die Erarbeitung der Notwendigkeits- und Verbotsform kann über die Textbeispiele erfolgen. Da die possessiven Suffixe bereits bekannt sind, dürfte die Erarbeitung über die Tabelle und eigene Beispiele keine Probleme bereiten. Allerdings könnte die Ähnlichkeit zwischen der possessiven Form und dem verneinten Aorist (z. B. *gitmem* vs. *gitmem lazım*) zu Irritationen führen.

■■ **Die Unterrichtsschritte im Einzelnen:**

Schritt 1: Die KT werden aufgefordert, im Glossar oder im Wörterbuch Begriffe zu sammeln, die mit dem Geburtstag zu tun haben. Diese werden an der Tafel notiert, z. B. *hediye almak, davet etmek, pasta, kutlamak, doğum günün kutlu olsun, kaç yaşındasın...*

Schritt 2: Die KT erstellen in PA einen kurzen Dialog zum Thema Geburtstag und stellen ihn im Plenum vor.

Schritt 3: Zur weiteren Vorbereitung auf den Lektionstext bearbeiten die KT folgende Aufgaben (AB oder OHP):

a	kocaman bir çocuk	1	Canans Verhalten
b	Elinize sağlık!	2	Schade!
c	Gitmem lazım.	3	ein großes Kind
d	zamanınız varsa	4	Sie können nach dem Unterricht kommen.
e	Dersten sonra gelebilirsiniz.	5	Danke!
f	Haftaya görüşmek üzere!	6	Ich muss gehen.
g	Canan'ın durumu	7	wenn Sie Zeit haben
h	Yazık!	8	Bis nächste Woche!

Schritt 4: 🖾
Die KT hören den Lektionstext zweimal ohne Textvorlage. Danach erfolgt eine erste Aussprache.

Schritt 5: 🖾
Die KT hören den Text noch einmal mit Textvorlage. Sie teilen wieder mit, was sie verstanden haben. Danach wird der Text in PA mit Hilfe des Vokabulars übersetzt und anschließend mit der Lösung der anderen KT verglichen. Entsprechende Formen mit *abil/ebil* werden an der Tafel notiert:

```
kal    - abil  - ir -  siniz
konuş  - abil  - ir -  im
gel    - ebil  - ir -  siniz
```

Schritt 6: Die KT lesen den Text erst still, dann mit verteilten Rollen in PA und im Plenum.

Schritt 7: Anhand der an der Tafel notierten Begriffe formulieren die KT die Regel, nach der die Möglichkeitsform gebildet wird:

Möglichkeit/

Erlaubnis

$\Longrightarrow$ *abil/ebil* + breite Zeit

Schritt 8: Die KT füllen die ersten beiden Tabellen zur Möglichkeitsform aus.

Schritt 9: Die KT bearbeiten die Übungsaufgaben 1 und 7.

Schritt 10: Die KT lesen und vervollständigen die Angaben zur verneinten Form mit den Suffixen *eme(z)/ama(z)*. Danach bearbeiten die KT die dazu gehörigen Tabellen.

Schritt 11: Der Unterschied zwischen *unutmaz* und *unutamaz* (s. Lehrbuch) sollte durch weitere Beispiele gefestigt werden, z. B.:

gitmez	almam	uyumazsınız	beklemezler
gidemez	alamam	uyuyamazsınız	bekleyemezler.

Schritt 12: Die KT bearbeiten die Übungsaufgaben 2 bis 6.

Schritt 13: Der L weist auf die Kombinationen mit *lazım* im Lektionstext hin. TA:

Gitme	- m lazım.
Alışveriş yapma	- m lazım.
Ütü yapma	- m lazım.

Der L macht deutlich, dass es sich hier nicht um den Aorist, sondern um eine possessive Form (substantiviertes Verb) handelt.

Schritt 14: Die KT füllen die Tabelle zu den substantivierten Verben in PA aus.
Die Lösung wird laut vorgelesen und mit der Anschrift am OHP verglichen.
An der Tafel kann die Parallelität zu den bereits bekannten Possessiva noch deutlicher gemacht werden:

gitme - m	çanta - m
gitme - n	çanta - n
gitme - si	çanta - sı
gitme - miz	çanta - mız
gitme - niz	çanta - nız
gitme - leri	çanta - ları

Schritt 15: Die Formen

Git - me - m   lazım
Git - me - m   yasak

werden an der Tafel notiert. Die KT lesen zum Ausdruck *yasak* die Hinweise im Kursbuch und formulieren weitere Beispiele. Dies kann spielerisch geschehen, indem ein KT einen türkischen Satz formuliert und einem anderen KT einen Ball zuwirft. Dieser übersetzt den Satz und formuliert ein weiteres Beispiel etc.

Schritt 16: Die KT bearbeiten die Übungsaufgaben 8 und 9.

Schritt 17: Kartenspiel des Spieleteils.

Schritt 18: 🔲
Die KT übersetzen die Dialoge.

Schritt 19: 🔲
Höraufgabe nach Vorgabe.

Lektion 13: Görüşme saatinde

🎧 Didaktischer Kommentar:

Sprechstunden sind häufige Kontaktsituationen zwischen Pädagogen und Eltern. Dabei kommen vor allem das soziale Verhalten sowie die schulischen Leistungen der Kinder zur Sprache. Der Lehrwerksdialog hält wichtiges Vokabular und Sprechhandlungsmuster zur sprachlichen Bewältigung solcher Elterngespräche bereit. In grammatischer Hinsicht wird dabei die Form *abil+iyor/ebil+iyor* zum Ausdruck einer Fähigkeit (z. B. schreiben können, lesen können) bedeutsam. Daneben werden aber auch die in Lektion 12 erlernten Formen mit *abil/ebil* vertieft und um die Frage- und Vergangenheitsform erweitert.

Die Einheit beginnt mit der Erstellung eines Clusters zum Thema *Schulunterricht*. Die KT können dabei das Glossar oder das Wörterbuch verwenden. Mit Hilfe dieser Wortsammlung wird wichtiger Wortschatz des Lehrbuchtextes vorweg besprochen. In der Erstellung kleiner Dialoge wird der Wortschatz gefestigt. Schon an dieser Stelle kann auf die grammatische Form zum Ausdruck einer Fähigkeit eingegangen werden. Diese Formen werden bei den Hörverstehensaufgaben noch einmal besonders akzentuiert. Die Frageform mit *abil/ebil* bzw. deren Verneinung kann von den KT in Analogie zur Präsensfrageform erklärt und gebildet werden. Auch die Vergangenheit der Möglichkeitsform beinhaltet keine besondere Schwierigkeit. Zur Festigung der einzelnen Strukturen sollten aber ausgiebige Übungsphasen zwischen die einzelnen Grammatikpensen geschaltet werden.

■ Die Unterrichtsschritte im Einzelnen:

Schritt 1: Die KT sammeln mit Hilfe des Glossars und des Wörterbuchs Begriffe zum Thema *Schulunterricht* bzw. *Elternsprechstunde*. Diese werden an der Tafel festgehalten, z. B.:

okumak	yazmak	toplamak	kalem	defter
zorluk çekmek	sınıf	sınıfı geçmek	ev ödevleri	ders ...

Schritt 2: Die KT entwickeln mit Hilfe des gesammelten Wortschatzes in PA kleine Dialoge. Diese werden im Plenum besprochen.

Schritt 3: Die Fehlform *yazabilir* statt *yazabiliyor* zum Ausdruck einer Fähigkeit taucht mit Wahrscheinlichkeit in einem der erstellten Dialogtexte auf und kann an dieser Stelle besprochen werden:

TA:

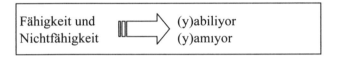

Güzel yazabiliyor.	Güzel yazamıyor.
İyi toplayabiliyor.	İyi toplayamıyor.
Harfleri okuyabiliyor.	Harfleri okuyamıyor.

Schritt 4:
Die KT hören den Lektionstext zweimal ohne Textvorlage. Erste Aussprache.

Schritt 5.
Die KT hören den Text noch einmal. Sie bearbeiten dazu das Arbeitsblatt Lektion 13 (vgl. S. 50), welches mit dem Partner und dann im Plenum verglichen wird.

Schritt 6:
Die KT hören den Text noch einmal, diesmal mit Textvorlage. Der Text wird in PA mit Hilfe des Vokabulars übersetzt und im Plenum besprochen.

Schritt 7: Dic KT lesen den Text still, dann mit verteilten Rollen erst in PA, dann im Plenum.

Arbeitsblatt Lektion 13

1. Welche Sätze werden gesprochen?

□a. Geçen hafta gelmedim.
□b. Geçen hafta gelemedim.
□c. Geçen hafta geldim.

□a. Defterlerini unutmaz.
□b. Defterlerini unutmak.
□c. Defterlerini unutma!

□a. Bütün harfleri okuyamaz.
□b. Bütün harfları okuyamıyor.
□c. Bütün harfleri okuyamıyor.

□a. Özellikle yazmak çok hoşuna gidiyor.
□b. Özellikle spor çok hoşuna gidiyor.
□c. Özellikle matematik çok hoşuna gidiyor.

□a. Demek ki sınıfı geçebilir.
□b. Demek ki sınıfa geçebilir.
□c. Demek ki sınıfını geçebilir.

2. Vervollständigen Sie die Sätze.

a. Canan çok _____ bir çocuk.

b. Ev ödevlerini hep _____.

c. Kalemleri, defterlerini _____.

d. Çok düzenli _____.

e. Bütün harfleri daha _____.

f. Yirmi'ye kadar iyi _____.

g. _____ çok hoşuna gidiyor.

Schritt 8: Die KT suchen im Text nach Frageformen mit *abil/ebil*. Diese werden an der Tafel notiert:

Yapabilir misiniz?
Söyleyebilir misiniz?

Die KT erklären, wie diese Form gebildet wird. TA:

yapabilir   - <u>sin</u>   söyleyebilir   - <u>sin</u>

yapabilir   mi<u>sin</u>?   söyleyebilir   mi<u>sin</u>?

Schritt 9: Die KT füllen die Tabelle zur Frageform (nicht verneint) aus. Kontrolle über OHP.

Schritt 10: Die KT bearbeiten Aufgabe 1, 2, 4 und 5. Kontrolle im Plenum.

Schritt 11: 🔲
Die KT übersetzen den Dialog. Kontrolle im Plenum.

Schritt 12: Kartenspiel des Spieleteils.

Schritt 13: Die KT vervollständigen die Tabelle zur verneinten Frageform. Kontrolle über OHP.

Schritt 14: Die KT bearbeiten Aufgabe 3, 6 und 7.

Schritt 15: Die KT vervollständigen die Tabellen zur Vergangenheitsform mit *abil/ebil* sowie deren Frageform.

Schritt 16: Die KT bearbeiten die Aufgaben 8, 9 und 10.

Schritt 17: Rollenspiel (Aufgabe 11) als Sprechübung.

Schritt 18: 🔲
Höraufgabe nach Vorgabe.

Lektion 14: Fatma okula başlıyor

⩶ Didaktischer Kommentar:

Bei der Einschulung von Kindern mit Deutsch als Zweitsprache ist die Entscheidung zu treffen, welche Art schulischer Betreuung für das Kind die richtige ist. Als wesentlich wird hier meist die Sprachkompetenz des Kindes erachtet: Ist davon auszugehen, dass das Kind dem Unterricht in der Regelklasse aufgrund fehlender oder mangelhafter Deutschkenntnisse nicht folgen kann, so besucht es zunächst häufig eine Vorbereitungs- oder Übergangsklasse, in der es seine Deutschkenntnisse noch ausbauen kann. Der Nachteil dieser Klassen liegt in ihrer Organisation: Da hier ausschließlich Kinder mit Deutsch als Zweitsprache unterrichtet werden, mangelt es den Kindern meist an kompetenten Gesprächspartnern in der Zweitsprache Deutsch. Dieses Problem kann mit Einschränkungen auch in multikulturellen Regelklassen bestehen. Besorgte Eltern wünschen sich daher oft einen deutschsprachigen Banknachbarn für ihr Kind, ein verständliches Anliegen, das aber oft nicht einlösbar ist.

Der Lehrwerksdialog gibt eine typische Gesprächskonstellation bei der Einschulung wieder. Wichtige Aspekte kommen hier zur Sprache, etwa ob das Kind schon genügend Deutschkenntnisse besitzt, um die Regelklasse zu besuchen oder ob es vorher den Kindergarten besucht hat. Und es werden Vereinbarungen getroffen: Sollte das Kind Probleme in der Regelklasse haben, dann kann es immer noch in die Übergangsklasse wechseln. Grammatisch gesehen kommt hier der Bedingungssatz ins Spiel: wenn/falls x zutrifft, dann y.

Hier kann der Unterricht – was die Formenbildung betrifft – auf die bereits bekannten Zeitformen Aorist, Perfekt und Futur zurückgreifen. Die Endung *sa/se* stellt dann kein größeres Problem mehr dar. Aufgrund der Regelmäßigkeit können sich die Kursteilnehmer die Formenbildung weitgehend selbst erschließen. Um Verwirrungen vorzubeugen, folgen jeder neu gelernten Form jeweils zahlreiche Übungen. In diversen spielerischen Aktivitäten wird letztlich auch die freie Anwendung geübt.

▪ Die Unterrichtsschritte im Einzelnen:

Schritt 1: Die KT überlegen sich, welche Fragen gewöhnlich auftauchen, wenn ein Kind mit Deutsch als Zweitsprache in einer Schule eingeschrieben wird. Diese Fragen versuchen sie mit Hilfe des Lehrers auf Türkisch zu formulieren:

TA:
Kaydettirme günü

Almanca biliyor mu? Almancası nasıl?
Anaokuluna gitti mi? Kaç sene?
Alman sınıfına gidebilir mi?
Alman sınıfında zorluk çekiyor mu?
Hazırlık sınıfına gitsin mi?
Almanya'da mı doğdu?...

Schritt 2: Die KT erstellen in GA ein kurzes Gespräch zwischen Lehrer und Elternteil bei einer Einschreibung. Sie spielen möglichst frei ihren Dialog erst zu zweit, dann im Plenum.

Schritt 3: Die KT hören den Lektionstext einmal ganz, dann abschnittsweise. Sie teilen jeweils mit, was sie verstanden haben.

Schritt 4: Die KT unterstreichen alle Wörter im Lektionstext mit *sa/se*.

Schritt 5: Die KT übersetzen den Lektionstext in PA mit Hilfe des Vokabulars. Aussprache.

Schritt 6: Die KT lesen den Text still, dann mit verteilten Rollen in PA, dann im Plenum.

Schritt 7: Die zuvor unterstrichenen Wörter im Text mit *sa/se* werden an der Tafel notiert:

```
ister          - se - niz          mümkün - se
başaramaz    - sa
zorluk çeker  - se
olur           - sa
```

Die KT formulieren die Regel für das Präsens und suchen nach weiteren Beispielen, die an der Tafel notiert werden.

TA:

Aorist + sa/se	Adjektiv + sa/se
gelir - se - m	hasta - y - sa - m
okur - sa - m	yorgun - sa - m
oynar - sa - nız	yüksek - se
...	

sa/se ▯▯⟹ wenn, falls

Schritt 8: Die KT vervollständigen die Tabelle zu Aorist ı *sa/se*. Kontrolle über OHP.

Schritt 9: Die KT vervollständigen die Tabelle zu verneintem Aorist + *sa/se*. Kontrolle über OHP.

Schritt 10: Die KT bearbeiten Aufgabe 1, 3 und 5 im Übungsteil.

Schritt 11: 🖭
Höraufgaben nach Vorgabe.

Schritt 12: Die KT vervollständigen die Tabellen zur Vergangenheit + *sa/se* (auch verneint). Kontrolle über OHP.

Schritt 13: Die KT bearbeiten Aufgabe 2 (nur zum Perfekt), 6 und 7 des Übungsteils.

Schritt 14: Die KT vervollständigen die Tabellen zu (verneintem) Futur + *sa/se*. Kontrolle über OHP.

Schritt 15: Die KT bearbeiten Aufgabe 2 (nur Futur).

Schritt 16: Die KT vervollständigen die Tabellen zu *abil/ebil* + *sa/se* (auch verneint). Kontrolle über OHP.

Schritt 17: Aufgabe 4.

Schritt 18: Null-Bock-Spiel der Spielecke.

Schritt 19: Die KT lesen die Regel zur Bildung Adjektiv/Substantiv + *sa/se* und vervollständigen die Beispielreihe zur verneinten Form.

Schritt 20: Die KT formulieren zu den Ausdrücken *varsa/yoksa* eigene Beispiele.

Schritt 21: Die KT bearbeiten Aufgabe 8 des Übungsteils.

Schritt 22: Spiel 1 der Spielecke.

Schritt 23: Die KT stellen die Situation des Lektionstextes im Rollenspiel nach.

Schritt 24: Falls gewünscht, Dialog mit Aufbauwortschatz.

Lektion 15: Tatilden anlatmak

🐚 Didaktischer Kommentar:

Die Erzählsituation ist bereits in Lektion 11 mit der Mitteilung regelmäßiger Wochenendaktivitäten aufgetaucht. Die Erzähltechnik wird nunmehr erweitert: der Lernende soll mit Hilfe der mIş (miş, mış, muş, müş)-Form Geschichten wiedergeben, die er nur vom Hörensagen kennt. Auch stilistisch ergeben sich neue Möglichkeiten, indem unterschiedliche Zeitbezüge innerhalb eines Satzes hergestellt werden. Grammatisch stehen dafür *als*-Sätze sowie die Vor- und Nachzeitigkeit zur Verfügung. Letztere sind aufgrund ihrer Formelhaftigkeit verhältnismäßig leicht zu erlernen. Im Fokus des Lehrwerksdialogs steht das Urlaubsland Türkei. Türkische Kinder erzählen über eigene und mitgeteilte Ferieneindrücke. Hier kann auch die Hinführung zum Thema ansetzen. Indem die KT selbst kleine Texte zum Thema *Urlaub in der Türkei* verfassen, wird wichtiges Vokabular eingeführt. Nach der Texterschließung folgt der grammatische Teil, der größtenteils kommunikativ-spielerisch und induktiv erschlossen werden kann. Mit einer Vielzahl an Übungen werden die in Teilschritten erarbeiteten grammatischen Inhalte gefestigt.

■ Die Unterrichtsschritte im Einzelnen

Schritt 1: Die KT entwerfen einen kleinen Text zu folgenden Stichwörtern:

tatil - Türkiye'ye gitmek - akrabalar - deniz - sahil - sıcak

Schritt 2: Einige Verwandtschaftsbezeichnungen werden wiederholt: nine, dede, teyze, amca, ...

Schritt 3:
Die KT hören den Lektionstext.

Schritt 4:
Die KT erhalten das Arbeitsblatt Lektion 15 (vgl. S. 56), das beim erneuten Hören des Lektionstextes zu bearbeiten ist. Kontrolle erst in PA, dann im Plenum.

Schritt 5: Die KT übersetzen den Text in PA. Kontrolle im Plenum.

Schritt 6: Die KT lesen den Text still, dann mit verteilten Rollen erst in PA und anschließend im Plenum.

Schritt 7: Der L fragt jeden KT, indem er das erste Mal auch die deutsche Übersetzung mitspricht: „Akşamları eve geldiğin zaman ne yaparsın?"
Die KT antworten.

Schritt 8: Der Satz wird an der Tafel notiert, die KT finden weitere Beispiele in der Du-Form, z. B.:

eve	gel - diği - n	zaman
Türkçe kursuna	git - tiği - n	zaman
tatil	yap - tığı - n	zaman

Arbeitsblatt Lektion 15

Vervollständigen Sie den Lückentext.

❖ Tatilde ne yapacaksınız?

◆ Türkiye'ye_____.

❖ _____ gidecek misiniz?

◆ Evet, ama önce akrabalarımızı _____. Ankara'
da akrabalarım var: _____, dedem, teyzem orada _____.
Her sene denize gitmeden _____ onları ziyaret ederiz. Sonra _____
yapmak için denize gideriz. _____ daha çok hoşuma gidiyor.

❖ Niçin?

◆ Ankara'da çok _____ geliyor, hiç dinlenemiyoruz. Denizde öyle
değil, _____, sahilde oynayabiliriz.

❖ Denize _____ gidiyorsunuz?

◆ Bilmiyorum. Geçen _____ Alanya'ya gittik. Çok güzel bir sahil vardı,
deniz _____ temizdi.

❖ Hava ağustosta da _____ olmalı.

◆ Evet, çok sıcak. Yazın Türkiye'ye gittiğimiz _____ sıcaktan ölüyoruz.

❖ Öyle mi?

◆ Öyle. Bir _____ var. O da geçen sene Türkiye'ye gitmiş.
Almanya'ya döndükten sonra _____ üşütmüş.

⊙ Ben de Türkiye'den geldiğim zaman hemen _____.

◆ Fakat Türkiye'de de soğuk _____. Bir defasında ben Ankara'dayken
çok _____ yağdı.

❖Herhalde kışın gitmişsin.

◆ Evet. Weihnachten _____ gittik.

Schritt 9: Die KT vervollständigen die Tabelle zur *als/wenn* - Form. Kontrolle über OHP.

Schritt 10: Die KT bearbeiten die Aufgaben 1, 2 und 3 des Übungsteils.

Schritt 11: Der L schreibt an die Tafel:

Ben çocukken...
Als ich ein Kind war...

Er nimmt einen Ball und spricht:
Ben çocukken hep top oynadım.
Als ich Kind war, habe ich immer Ball gespielt.

Er gibt den Ball an einen KT weiter, der seinerseits einen Satz mit „Ben çocukken..." formuliert und den Ball weiterreicht.

Schritt 12: Die KT stellen Hypothesen darüber an, warum es *çocukken* und nicht etwa *çocuk olduğum zaman* heißt. Sie lesen dazu im Kursbuch die notierten Regeln und suchen nach weiteren Beispielen.

Schritt 13: Die KT bearbeiten Aufgabe 4 des Übungsteils.

Schritt 14: Der L schreibt an die Tafel:

Ben Türkçe kursuna gelmeden önce alışveriş yaptım.
Bevor ich zum Türkischkurs kam, habe ich eingekauft.

Er fragt einen KT, indem er ihm wieder den Ball reicht:
Sen kursa gelmeden önce ne yaptın?
Der KT antwortet und reicht den Ball wieder mit einer Frage weiter.

Schritt 15: Die KT formulieren die Regel, die an der Tafel notiert wird:

meden/madan önce   ⫸   bevor

Schritt 16: Die KT bearbeiten Aufgabe 5.

Schritt 17: Der L fordert die KT auf, den in der vorigen Übung geäußerten Satz auf ein Blatt zu schreiben. Dann schreibt er selbst an die Tafel:

Ben Türkçe kursuna gelmeden önce alışveriş yaptım.
Alışveriş yaptıktan sonra Türkçe kursuna gittim.
Nachdem ich eingekauft hatte, bin ich zum Türkischkurs gegangen.

Schritt 18: Die KT formulieren jeweils den eigenen notierten Satz um.

Schritt 19: Die KT formulieren die entsprechende Regel, die an der Tafel notiert wird:

dıktan/dikten sonra   nachdem

Schritt 20: Die KT bearbeiten Übungsaufgabe 6 und 7.

Schritt 21: Spielecke.

Schritt 22: Die KT übersetzen erst in PA den Märchenausschnitt *Rotkäppchen* (Übung 18). Die Struktur *mek/mak ... için* und die *mIş*-Form kann aufgrund der Kenntnis der deutschen Version erschlossen werden.

Schritt 23: Die KT lesen die Information des Kursbuches zur Struktur *mek/mak ... için* sowie zu *mIş*-Form.

Schritt 24: Die KT bearbeiten Übungsaufgabe 8.

Schritt 25: Die KT vervollständigen die Tabellen zur *mIş*-Form.

Schritt 26: Die KT bearbeiten Übungsaufgaben 9 bis 17.

Schritt 27: Die KT versuchen alleine oder in PA, ein kleines Märchen auf Türkisch zu schreiben.

Schritt 28:
Höraufgaben nach Vorgabe.